KB202829

신학은 학문입니다

- 총장 장종현에게 묻는 공개질문 두 가지 -

신학은 학문입니다

- 총장 장종현에게 묻는 공개질문 두 가지 -

초판 1쇄 발행 2024년 4월 25일
지은이 · 민병소
펴낸곳 · 도서출판 기빙백
주　소 · 경기도 수원시 권선구 세권로 165번길 30-16
전　화 · 010-9852-1919
제작 지원 : (사) 토마스순교기념선교회
　　　　　 (농협은행 301-0304-0556-01)
이메일 · bsm314@hanmail.net
등　록 · 제 251-2012-15호(2012.4.10.)
ISBN　979-11-987222-0-1(93230)

신학은 학문입니다

- 총장 상종현에게 묻는 공개질문 두 가지 -

민병소 지음

기빙백

◦┄┄┄◦ 이 책의 수익금은 1866년 한국 교회 최초 순교자 로버트 저메인 토마스 기념예배당 건축(복원) 헌금으로 거룩하게 쓰여집니다.

들어가는 말

　오늘날의 한국 교회는 다교파적 가치복합 상황에 놓여 있습니다. 통계적으로 5만여 교회들과 30만 여명의 목회자들로 이루어져 있습니다. 그런데 여기에서 현실적인 문제는 적지 않은 수가 무인가 신학교 출신들의 교회와 목회자들이 의외로 많다는 것입니다. 이를 언급하고 있는 바는 그런 목회자들의 인격을 모독하고자 함이 아니라, 다만 그 정도로 한국 교회의 전반적인 지적 수준이 낮다는 것을 알리려고 하는 것뿐입니다.

　전국에 산재해 있는 치킨집이나 편의점보다 교회들이 훨씬 더 많습니다. 특히 수도권에서 거리를 걷다보면 사방팔방으로 널려져 있는 것들이 교회들입니다. 이런 것들이 진정 복음화일까 싶습니다. 어쨌든 교회들이 희소가치가 전혀 없습니다. 게다가 "개독교"라는 망신을 당하고 있으니 그저 마음이 아픕니다. 따라서 그런 교회들과 목회자들이 아무리 많아도 헌법 제20조 1항에 종교의 자유(양심 및 포교의 자유)가 보장되어 있으니 만큼 별다른 방법이 없습니다. 그러나 무인가 신학교를 교육 실정법으로 보면 응당 불법인 데도 정부의 기피현상 때문에 이미 성역화된 지가 오래되었습니다.

이런 상황에서 1970년대 신자유자본주의의 산업화 바람이 부는 가운데, 소위 성공신앙(자기존중신앙 및 번영신앙)에 강력한 영향을 받아 압축 성장을 이루게 되었습니다. 이렇게 된 데는 뭔가 대단하게 한국 교회가 실로 교회다워서 그렇게 된 것이 아니라, 한국인의 정서에 맞게 샤마니즘적인 기복신앙- 이기주의적이자 소시민적 세속적인 욕망-이 작동되었기 때문이었습니다. 다시 말해서 그 성공신앙을 부추기는 메시지가 한국인의 심성이라 할 수 있는 '경험적 현세주의'와 맞아 떨어진 결과였다는 것입니다. 이와 함께 신자유자본주의라는 시대정신의 가치관과도 맞아 떨어진 셈이 되었습니다.

이 자본주의는 성공지향적인 것으로써 승자독식과 약육강식, 적자생존, 양극화 현상 등을 초래케 하여 병폐 부조리를 야기시키고 있는 이데올로기입니다. 시대적으로 주어진 상황이 그러할진대, 한국 교회는 그야말로 삼국지에나 나오는 군웅할거의 각자도생과 조금도 다를 바가 없었습니다. 이것은 지금도 변한 것이 없습니다. 이에 따라 이유 여하를 막론하고 오로지 '꿩 잡는 것이 매'라는 식이었습니다. 그저 숫자 우상에 빠져 시장바닥과 같이 교회안에 수단과 방법을 가리지 않고 무조건 많은 사람들을 끌어들이면, 목회 성공(?)은 그것으로 종료됩니다.

이와 같은 목회의 사고 방식이 팽배해 있기에, 신앙공동체라는 공동의식 없이 마냥 마케팅 술책으로 프랜차이즈 같이 각 지역에다 지성전을 세우기도 하였습니다. 또 노선별로 교회 차량을 운행하므로써 저인망식으로 지역의 신자들을 쓸어갔습니다.

이에 즈음하여, 우리 그리스도인은 분명히 인지해둬야 할 명명백백한 사실이 하나 있습니다. 모든 그리스도인이라 할 수 있는 목회자들의 목회행위는 물론 일반 신자들의 삶의 최종적인 목표가 뭔가 성공하는데 있지 않다는데 있는 것이 바로 그것입니다. 이런 의미에서 볼 때, 성공신앙은 그것 자체가 설정을 잘못하고 있는 셈이 되겠습니다. 이리하여 스웨덴 신학자 구스타프 아울렌(Gustaf Aúlen)은 주 예수님은 "승리자 그리스도(Christus Victor)"라고 일렀던 것입니다.

이제야말로 모든 그리스도인들이 신앙생활을 재구축할 때입니다. 우리 주 예수님은 이 땅에 오시사 무정란의 역사를 유정란의 역사로 바꾸시는 과정에서 허망할 정도로 폭망하신 구세주이십니다. 세상의 눈으로 보면 틀림없이 그렇게 보입니다. 그럼에도 우리는 그분을 실패자라 부르지 않고 승리자라고 고백하고 있습니다.

성공하는 것 자체를 신앙생활의 최종 목표로 설정해 버리는 오류를 범하게 되면, 매사에 수단과 방법을 가리지 않아 오르지 성공만을 향해 치닫는 질주를 감행합니다. 이러는 과정에서, 특히 주위에 영향력이 많은 일부 중·대형 교회의 목회자들의 반지성적 태도와 도덕적 무감각 등에서 비롯된 신앙병리는 한국 교회 전체에 악영향을 끼쳐주기에 충분하였습니다. 이 대표적인 사례가 막무가내로 여전히 추진되고 있는 일련의 교회 세습 행태 및 여신도와의 성적 문란, 교회 재정의 횡령, 교회 분열 등이 그것입니다.

이같은 여파들로 인해서 직접 피해를 입고 있는 당사자들은 열악한 현장에서 목회하고 있는 군소(미자립·개척) 교회의 목회자들입니다. 그 이유는 그들의 신앙병리가 아예 전도의 문을 닫게 만들어버린 원인 제공으로 작용하고 있기 때문입니다. 이를테면 초롱은 동색이라는 식으로 그 문제의 목회자들과 같이 취급해 버리고 있다는 것입니다. 이런 현실적인 상황에서 볼 때, 과연 누가 책임을 져야만 할까를 정중히 묻고 싶습니다.

그동안 저는 지금까지 목회활동을 해오면서 하루도 신학서적을 거짓말처럼 손에서 뗀 적이 없습니다. 이렇게 신학공부를 한다는 것이 재미가 있었습니다. 왜냐하면 신학을 학문적으로 연구한 신학자들의 방법론을 학습할 수 있었기 때문입니다. 이 결과, 연구 저서를 40여 권 정도를 펴내기도 하였습니다. 이리하여 설교문 작성에도 자연스럽게 큰 도움을 받았습니다. 이리하여 신학적 설교(조직신학적인 삼위일체론적 메시지)를 하는 가운데 할 말과 하지 말아야 할 말이 저절로 정리가 되었습니다.

이러는 저에게 크나큰 교육현장에 있는 수많은 학자들과 함께 교육을 친히 감당하여 운영하고 있는 총장 장종현의 "신학은 학문이 아닙니다."라는 대대적인 홍보성의 선언적 구호는 저로 하여금 엄청난 충격으로 와닿게 하였습니다. 이 충격은 한번으로 끝나는 일회성이 아니라, 하루가 멀다하고 매일 매일 일어나곤 하였습니다. 그 선언적 구호를 매일 기독교 TV를 통해서 반복하여 들어왔던 저로서는 도저히 총장 장종현의 설교와 강의의 내용까지도 그것을 변증하는 대로 도저히 절대 수긍하기가 어려웠습 니다.

저만 그같은 생각을 하고 있는 것일까?를 자문자답해 보았습니다. 그렇지는 안겠다는 생각이 들었습니다. 이러한 데도 한국 교회가 유구무언 처리를 하고 있음입니다. 이는 그럴 수 밖에 없습니다. 그 이유는 한국인의 관계심리학이라는 측면에서 볼 때, 교권주의자들 간의 얽히고 설킨 상호이익 관계로 말미암아 이미 모호한 경계가 형성되어 있기 때문입니다. 그들은 각자 따로 있다가 뭔가 상호이익 관계가 필요하다 싶으면 또 다시 함께 모이는 행태를 반복하고 합니다. 이런 식으로 해서 경계가 없기에 도리도 없는 것입니다.

저는 「한국종교사」(상·중·하)〈왕중왕, 2006〉를 근 5년 동안 집필하면서, 원시시대부터 현대까지 그 수많은 종교인들을 탐조한 바 있습니다. 그런데 그 종교인들이 엮어가는 한국 종교사에는 두 가지의 이중운동이 나타나 있습니다. 하나는 포용적 성향이고 다른 하나는 배타적 성향입니다. 전자에 속하는 종교인들은 조화의 멋을 내는 개방적인 관용성 때문에 창조적인 지성인으로 발돋음하였습니다. 이와는 달리 후자에 속하는 종교인들은 그 폐쇄성으로 인해서 갈등을 조장하여 분리주의자들이 되기에 이르렀습니다.

주지하는 대로, 기독교라는 종교를 믿고 있는 그리스도인 역시 하나의 종교인입니다. 그가 "신학은 학문이 아닙니다."라고 선언한 것은 일단 언어의 형식논리로 보아, 학문적 신학을 가르치고 배우고 있는 인준 신학대학교(또는 신학대학원)와 그 학교 출신의 정예전통(신학자와 목회자)에 대한 배타적 성향의 발언인 것만은 분명합니다. 바로 이것이 저로 하여금 총장 장종현에 대해서 관조하게 만든 직접적 단초를 제공한 셈이 되었습니다.

본 글의 구성은 제1부와 제2부로 되어 있습니다. 제1부는 전이해 작업으로 공개질문하는 그 의미와 전개를 해제하였습니다. 특히 총장 장종현의 신앙현상의 구조를 집중적으로 논의하였습니다. 이어지는 제2부에서는 총장 장종현의 배타적 절대주의 성향에 대한 논쟁이 요청되기에, 역사적으로 그동안에 있었던 신학자들 간의 논쟁을 참조 사항으로 먼저 다루었습니다. 그리고는 이어서 총장 장종현에게 던지는 공개질문을 두 가지의 내용으로 정리해서 논의하였습니다.

이와 같이 본 글을 집필하는 가운데 언급되어지는 내용들 중에는 저만의 주관적인 생각이 아니라, 객관성도 있다는 것을 알리기 위하여 각주(脚註)를 밝혀 놓았습니다. 그리고 본문의 문체는 독자 제현들의 독서 편의를 위해서 의도적으로 구어체로 하되, 특이한 경우를 제외하고는 가능한 한(영어나 한자) 표기 없이 대부분 한글만을 사용하였습니다.

총장 장종현이 왜 그런 선언적 구호를 외치고 있으며, 그 중심 논리적 의도는 무엇이며, 도대체가 무엇을 주장하고 있는 것인지 그리고 오늘의 한국 교회와 그 핵심 지도층 구성원인 정예전통을 포함해서 일반 신자들에게 어떤 영향을 주고 있는가를 알기 원하는 모든 분들께 조금이라도 도움이 된다면, 본서의 목적은 그것으로 만족합니다. 한 가지 더 목적이 있다면, 본서가 학문적으로 신학을 연구하고 있는 일선의 신학자들 및 현장에서 목회행위에 고군분투하고 있는 목회자들에게 뭔가를 성찰케 하는 계기가 되었기를 하는 마음이 간절합니다.

그리고 그 무엇보다도 종교 박물관과도 같은 이 한국 땅에서 온갖 종교들을 연구할 수 있게 해주시고, 게다가 그에 앞서 신학까지 연구하게 하신 후에 목회도 허락해주신 삼위일체 하나님께 영광을 올립니다.

흔들의자는 요란스럽게 앞뒤로 흔들거리면서도, 정작 앉아 있는 사람은 한발짝도 앞으로 나아갈 수 없다.

그동안 한국(세계) 교회가 그런 흔들의자와 똑 같았다. 온통 교회들이 종교시장에서 사람들을 전도라는 이름하에 끌어들이기 위해 다양한 종교기술을 발휘해 왔다. 이런데도 불구하고 한발짝도 전진하는 성숙함을 보이지 않았다.

이렇게까지 된 결정적인 요인은 학문적 신학 연구의 결핍 때문이었다.

2024년 4월

목 차

제1부 전이해 작업 : 공개질문의 의의와 그 전개

제 1 부

전이해 작업 : 공개질문의 의의와 그 전개

전이해 작업 : 공개질문의 의의와 그 전개

1. 문제제기: 동기와 목적

　여기에서 제가 문제를 제기하고 있는 것은 한국 교회의 건강한 성장과 부흥을 위해서 입니다. 이러려면 그 무엇보다도 한국 교회의 근간을 이루고 있는 신학에 대하여 신학을 경시하는 현상을 야기시키고 있는 현장에 대하여 마땅히 책임을 지는 교회가 되어야 합니다.[1] 따라서 한국 교회의 근간을 이루고 있는 것이 신학이라 함은 한국 신학 자체가 태동시대(윤치호의 진보적 사회참여 신학, 최병헌의 종교적 자유주의 신학, 길선주의 보수적 근본주의 신학)에 이어 정초시대(1930년대 : 박형룡의 근본주의 신학, 김재준의 진보주의 신학, 정경옥의 자유주의 신학)와 전개시대(1960년대: 김의환의 보수주의 신학, 서남동의 진보주의적인 세속화론, 윤성범의 자유주의적인 토착화론)로 발전해 왔다는 것을 시사합니다.[2]

이렇게 분명한 데도 "신학은 학문이 아닙니다."라면서 줄기차게 주장하는 이가 있습니다. 바로 대한예수교 장로회(백석) 총회장을 역임하였으며, 현재 백석대학교 총장으로 있는 장종현입니다. 그가 "신학은 학문이 아닙니다."라는 주장을 처음으로 한 때는 2003년 10월 한국복음주의 신학회 제2차 국제학술대회 폐회예배 설교에서 였습니다.[3] 이후 2021년부터는 아예 본격적으로 기독교 TV를 중심으로 "신학은 학문이 아닙니다."라는 내용을 골자로 삼아 설교와 강의로 홍보해 왔습니다. 지금도 여전히 그렇게 설교하고 강의를 하고 있습니다.

저 또한 총장 장종현(이하 장종현)의 그런 식의 설교와 강의를 기독교 TV를 통해서 수없이 들었습니다. 처음 듣는 순간에 "틀림없이 신학은 학문인데... 이게 뭐지?"하면서 의구심은 들었으나 그냥 그때 그때마다 스쳐지나가곤 하였습니다. 이러던 차에 어느 순간, 이렇게 자주 듣다보면 이거 많은 그리스도인들이 세뇌 당해 한국 교회에 큰 일이 생기겠구나! 하는 우려가 가슴을 치고 엄습해 왔습니다.

이런 와중에 얼마전 기도하면서 장종현의 그같은 신학의 학문적 연구를 경시하는 태도에 대해서 살펴볼 필요성을 절실히

느꼈습니다. 이것이 장종현에게 문제를 제기하는 직접적인 동기가 되겠습니다. 두말할 여지 없이 문제를 제기하는 목적은 이미 서두에서 밝혔듯이 한국 교회의 건강한 성장과 부흥을 위해서 입니다.

그동안 저는 1982년 대교회의 모 목회자가 펴낸 저서와 목회 행태를 점검하면서 확인한 결과, 그를 '잠정적 이단자'로 규정하는 연구서를 출간한 바 있습니다. 이를 계기로 하여 예장(통합)에서 그를 아예 이단으로 단죄하고 우여곡절 끝에 해제시켜 준 적이 있습니다. 이어서 저는 1983년 대교단의 목회자들이 문선명의 통일교에 관련된 것을 간파하여 그에 따른 연구서를 발간함으로써, 당시 한국 교회에 만연되어 있었던 통일교 관련자들에게 경각심을 심어주기도 하였습니다.

이후 2000년대에 접어들면서 심각한 신앙병리 현상의 하나로 근친상간 자본주의자답게 교회세습을 일삼고 있을 때, 그 모두가 다 유구무언하고 있는 상황에서 저는 2008년 「교회세습의 바벨론 포로」(왕중왕)를 펴내 비상식적인 행태인 것과 함께 맘모니즘(황금만능주의)이라는 것을 지적하였습니다. 이에 영향을 받아 자유주의 교단에 이어 진보주의 교단에서 세습방지법을 제정하여 세습을 차단하는데 있어서 나름 일조하였습니다.

지금 여기에서 그같은 저의 선지자적 기능을 발휘하였던 과거지사를 언급하고 있는 이유는 장종현의 학문적 신학을 경시하는 태도가 그에 상응할 정도로 우려스러운 문제를 제기해주고 있기 때문입니다. 그리고 세속주의가 치닫고 있을 즈음에, 윌리암 하밀턴과 토마스 알타이저의 신의 죽음의 신학 선포는 당시 신학계에 엄청난 혼란을 가져다 주었습니다.[4] 당연히 치열한 신학 논쟁이 있었습니다. 이것을 지적하고 있는 바는 제게는 장종현의 학문적 신학의 경시론이 그것과 버금갈 만큼이나 엄청난 충격과 혼란을 가져다주기에 충분해서 입니다.

2. 연구 방법론과 주요 논점

여기에서는 먼저 장종현의 신앙체험을 논의한 후에 논점을 두 가지로 나누어서 정리해 보려고 합니다.

이어서 세 가지 신앙유형에 대한 이해 및 한국 교회사의 문제와 시각에 대해서 언급하고자 합니다. 그리고는 장종현의 신앙현상의 구조에 따른 세 가지의 측면을 집중적으로 살펴 볼 것입니다.[5] 이와 함께 장종현에게 던지는 공개질문의 의의를 모색할까 합니다.

이런 관조 방법은 종교학적인(Religiological) 태도로서, 일방적인 가치판단을 중지하여 객관적으로 보기에 가치중립적인 입장을 취합니다.

이에 따라 저는 신학도이자 종교학도이기에 바람직스럽게 신학과 종교학(Religiology)을 나란히 협동해서 연구할 수 밖에 없습니다.[6]

장종현의 확증 편향적인 주장들을 탐조함에 있어서 택한 1차 자료는 그가 집필한 「생명을 살리는 교리」(도서출판 UCN, 2019)와 「신학은 학문이 아닙니다」(도서출판 UCN, 2021) 그리고 「개혁주의 생명신학」(백석정신아카데미, 2023)입니다. 장종현의 주변에서 연성성원(Soft membership)으로 그를 변호하는 일련의 신학자들의 저서들(또는 이론들)은 제외하였습니다. 이렇게 한 까닭은 연성성원은 본질적으로 소속된 집단과 분리할 수가 없어 이중 가치관을 발언할 수 없기 때문입니다.[7]

그런데 원래 본서의 집필 의도는 수집해놓은 모든 자료들을 총망라, 총정리해서 국판(15cm×22.5cm)으로 발행하려고 하였습니다. 그러나 일단은 이렇게 보급용(13cm×19cm)으로 정하였습니다. 그에 대한 본격적인 연구서는 잠시 뒤로 미루고, 이어서 수년 전에 한국 교회의 또 다른 ○대적 문제 인물을 연구해서 집필해 놓은 것이 있는데, 이것 또한 보급용으로 정리해서 곧 펴낼 것입니다.

그 문제성 있는 발언인 "신학은 학문이 아닙니다"라는 선언적 구호는 그의 저서인 「신학은 학문이 아닙니다」의 본문 내용 총 249 페이지 가운데 무려 71여번이나 반복해서 강조되어 있습니다. 이것으로 보아, 그의 그같은 선언적 구호가 그에게 있어서는 얼마나 중요한 핵심사상(또는 신념)으로 자리잡고 있다는 것을 직시할 수가 있겠습니다.

이렇게 될 수밖에 없는 필연적인 사실을 정확하게 간파하려면, 우선 그의 신앙체험에 대하여 살펴보아야 합니다. 일반적으로 신앙체험은 다음과 같은 특징적인 요소를 내재하고 있어서입니다.

> 신앙체험이란 궁극적인 실재로 체험된 것에 대한 인간의 반응이다. 신앙체험은 궁극적인 실재로 파악된 것에 대한 인간전 존재의 전체적 응답이다. 또 신앙체험은 인간에게 가능한 모든 체험 중에서 가장 강렬한 체험이다.
> 그리고 신앙체험은 실천적인 것이어서 인간을 행동하게 움직이는 힘, 곧 헌신하게 하는 명령과 규범성을 가지고 있다.[8]

이에 따라 장종현의 신앙체험은 과연 무엇이었을까를 알아본다는 것은 중요한 과제가 되겠습니다. 그의 신앙체험을 이루고 있는 근간은 기도와 성경 읽기입니다. 즉 성경을 2시간 읽었다면 기도는 3시간 해야 한다는 것입니다.[9] 이에 무인가 대한복음신학교(1976년 설립)를 운영하면서 학생들을 성경 위주로 가르쳤으며 방배동 뒷산에 가서 기도하게 하였습니다.[10] 철야기도도 많이 했는가 하면 금요일에는 수업을 마치고 기도원으로 가서

산기도도 하게 하였습니다.[11] 한 걸음 더 나아가, 한국의 신학
교까지도 다시 기도원 같이 되어야 한다는 것을 강변하고 나섰
습니다.[12]

이렇게 기도와 성경 읽기가 그의 신앙체험의 전체적인 반응
으로 작용하고 있는 바, 그에게 있어서 그 신앙체험은 가장 강
렬한 체험이었던 것입니다. 이리하여 그는 주변에 있는 모든 사
람들에게, 급기야는 한국 교회에까지 규범적인 명령조로 작동
되고 있음입니다.

이런 명령조는 "신학은 학문이 아닙니다."에 집약되어 있습
니다. 여기에서의 문제는 기도와 성경 읽기를 강조한다고 할지
라도, 굳이 신학은 학문이 아니라는 선언적 구호를 지나치게 확
대시켜서 광범위하게 홍보하여 주입시킬 필요가 있겠는가 하는
데 있습니다. 이는 슬기로움의 결핍에서 비롯된 것이라는 생각
이 듭니다.

장종현이 그토록 내세우고 있는 신학은 학문이 아니라는 주
창은 분명히 오류를 범하고 있는 것입니다. 개혁주의 신학에서
도 신학은 하나님의 지식(Cognitio Dei)을 추구하는 학문으로 고
백하고 있습니다. 즉 신학은 하나님의 인격과 사역에 관한 지식
을 획득하여 종합하고 통일하는 학문이라는 것입니다.[13] 비록
하나님에 관한 것이 완해불가론(完解不可論)이라 할지라도, 연구
자의 이성활동이 동향하고 있는 한 끊임없이 신학 연구는 계속

되어야 합니다.[14] 그래서 학문적인 신학은 불변의 법칙으로서 발전되어 가고 있는 것입니다.

그런데 장종현이 신학이 학문이라는 것을 표리부동적인 변증법적으로 인정을 하는 듯한 인상을 주긴 주고 있습니다.

하지만 전반적으로 신학이 학문이 아니라는 적극적인 주창에는 조금도 변함이 없습니다. 「신학은 학문이 아닙니다」라는 대표작이 그것을 대변해주고 있습니다. 이것이야말로 주요한 논점 중의 하나입니다. 당연히 한국 교회에 부정적으로 작용할 수밖에 없는 영향력을 위해서라도 그런 무모한 외침은 이제 재고되어야 합니다. 뿐만 아니라 각 분야에서 학문적으로 상당한 교육을 받아 지성인으로 가득차 있는 지식정보 사회에까지 부정적 영향을 끼쳐, 한국 교회 자체를 무지한 신앙공동체로 매도당할 수도 있기에 재고되어야 합니다.

또 하나의 논점은 평생을 학술적으로 신학을 치열하게 연구한 신학자들마저도 신학을 연구했다는 것 때문에, 한국(세계) 교회의 침체된 현상의 책임을 신학자들에게 일괄 전가시키고 있다는 사실입니다.

이 두 가지의 논점에 대해서는 논쟁이 요청되는 것인 바, 제2부 신학자들의 논쟁과 공개질문에서 구체적으로 재론될 것입니다.

우선 밝히고 싶은 것은 그 두 가지의 논점이 장종현의 크나큰 오류에서 비롯되고 있다는 점입니다. 이런 오류는 범주의 오류로서 분할의 오류와 함께 합성의 오류를 동시에 범하고 있는 셈이 됩니다.[15] 이렇게까지 된 데는 그가 ○○○ 신학교 출신인지라, 전문 신학자들로부터 제대로 된 신학 방법론을 학습 받지 못한 탓이 아닌가 하는 생각이 들긴 듭니다.

이런 생각이 드는 이유는 그가 자파신학인 장로교 신학은 물론 타교파(감리교, 침례교, 오순절교, 회중교, 구세군 등) 신학을 충분히 통섭하고 있지 않다는 추정이 들었기 때문입니다. 실제로 그 같은 생각은 장종현에게만 해당되는 것이 아니라, 넓은 맥락에서는 한국(세계) 교회의 모든 신학자들과 목회자들에게도 해당된다고 사료됩니다.

질병을 일으키고 있는 종교(또는 신앙)를 치유하는 종교학에서는 종교학의 아버지 막스 뮐러의 "하나만 아는 사람은 아무것도 모른다."라는 금언을 명제로 삼고 있습니다.[16] 이렇다고 할 때, 장종현은 신앙체험에서 얻어낸 기도와 성경 읽기만 알지 다양한 신학에서 펼쳐지는 방법론의 묘미를 인지하지 못하고 있겠다는 감이 듭니다.

솔직히 말해서, 신학적인 연구 방법론만 가지고는 한계가 있습니다. 이론적 교구주의와 환원론에 함몰될 수밖에 없기 때문입니다. 그래서 종교학적인 방법론이 필요한 것입니다. 이에 종교학적인 방법론에 따라 전개되어지는 다음의 세 가지의 신앙 유형에 대한 이해 및 한국 교회사의 문제와 시각을 살펴보게 되면, 바로 그 두 가지로 부각된 논점 자체가 그 얼마나 당혹스러운 것인가를 자연스럽게 인식할 수가 있을 것입니다.

1) 세 가지의 신앙 유형에 대한 이해

대형이론적인 종교학의 본영에서는 신앙의 유형을 기복형(magic type)과 구도형(truth-questing type) 및 개혁형(eschatological type)으로 대분하고 있습니다.[17] 이 기복형의 사상적 모티브는 생존 생계의 동기를 갖고 있으며, 사회적인 태도로서는 일률적 행동양식과 현세적 조건의 만족을 취하고 있기에 필연적으로 극단적 보수주의 성향을 띠고 있습니다.

이어 구도형의 사상적 모티브는 자아완성을 하는 가운데 진리를 추구하는데 있습니다. 이 사회적 태도로서는 삶의 현존적 상황과 이상에 대하여 깊은 각성과 함께 고행과 극기를 통한 엄격한 도덕생활을 지향하는 가운데 낭만적 보수주의를 취하고 있습니다.

그리고 개혁형의 사상적 모티브는 황금시대에의 희망을 갖고 있는 역동성이 있습니다. 사회적 태도로서는 현존사회의 문화질서와 이상사회와의 괴리에 대한 각성을 치열하게 하고 있기 때문에, 급진적 사회개혁주의의 정신을 지니고 있습니다.[18]

이 기복형 - 구도형- 개벽형의 3대 동기는 사실 인간의 종교적 염원의 3대 범주를 이루고 있는 것입니다. 따라서 개별 종교 (또는 교파)의 한 사상의 특징은 그 3대 유형의 상호관계에 의해서 결정됩니다. 이리하여 이 3대 동기가 동시에 공존하면서 균형을 이루고 있을 때, 가장 조화된 종교사상을 이루고 있는 것이 됩니다.[19]

이렇다고 한다면, 한국(세계) 교회의 현재 상황은 실제로 과연 어떤 상황에 처해 있는가에 대한 철두철미한 분석 작업이 요청됩니다. 이에 위 3대 유형의 상호관계라는 측면에서 그 동기와 함께 사회적 태도를 견주어 보면, 한국(세계) 교회는 여지없이 기복형에서 빠져나오지 못한 채 함몰되어 있다는 사실을 간파할 수가 있겠습니다. 종교학의 본영에서는 한국 교회를 한국 종교들 중에서 제1의 기복집단으로 평가하고 있습니다.[20]

이같은 확연한 사실을 다시 한번 확인해 보고자 할 때는 한국 교회사의 문제와 시각을 논의해 볼 필요가 있습니다.

2) 한국 교회사의 문제와 시각

그동안 한국 교회사를 논의하는 주된 학맥으로서는 선교사관 (백락준)과 민족교회사관(민경배), 실증주의사관(이만열), 민중교회사관(주채용) 등이 있었습니다. 이런 사관들은 서구적인 방법론을 앵무새 같이 마냥 답습하는 선험적 태도를 취하는 입장에 서

있기 때문에 적극적으로 호교하는 위치에 있습니다.[21]

이런 위치를 탈피하고자 저는 -이미 잠시 언급한 대로- 2006년 객관적으로 있는 그대로(as it is) 종교사적인 방법론을 채택하여 「한국 종교사」(상·중·하)라는 졸저를 펴낸 적이 있습니다.[22] 최근에 와서는 교회사 대신에 종교사라는 명칭으로 대치된 이래, 일반적으로 교회사가들이 교회사를 연구하는 태도와 방법 및 그 전제가 종교사적인 것으로 크게 달라지는 경향에 있습니다.[23]

종교사적인 방법론을 적용시킨 한국 교회사는 이해함에 있어서 3대 요인이 요청됩니다. 그 첫째는 개별교파사의 연구이고 둘째는 교파들 전통의 상호관계에 대한 연구입니다. 셋째는 한국 교회사가 한국인의 교회사이니 만큼 한국인의 정서(삼성)에 대해서 탐색하는 연구입니다.[24] 이것들을 시대적 상황의 맥락에서 총체적으로 해석하는 것이 한국 교회사의 과제인 것입니다. 이 과제는 어쩔 수 없이 지금까지의 한국 교회사에 대한 문제를 노정시키는 것임과 동시에 시각 교정을 필요로 하는 셈이 될 것입니다.

이에 개별교파사의 연구에서는 교리화된 특수적인 신학이 내재하고 있다는 것을 확인할 수가 있습니다. 예컨대, 예장(합동)의 보수적인 정통 개혁주의와 성결교의 사중복음, 침례교의 침례주의, 순복음교의 삼박자 오중복음, 구세군의 이웃 사랑(자선

냄비) 실천주의 등이 그것입니다. 이런 맥락에서 예장(백석)을 창시한 장종현의 특수성으로서는 개혁주의 생명신학이라는 것이 있습니다.[25] 이 신학을 기초로 해서 쓰여진 개별교파사로는 백석총회 설립 45주년 기념작인 「한국 교회사」가 있습니다.[26]

　그런데 여기에서 주목해야 할 바는 그 둘째 요인인 교파들 전통의 상호관계에 대한 연구와 셋째 요인이 되는 한국인의 정서를 탐색하는 연구입니다. 그 이유는 주지하는 대로 한국 교회사는 한국인들이 만들어가는 역사의 흐름이기 때문입니다. 이렇기에 이 요인들은 상호 밀착되어 있다는 것을 직시할 수가 있습니다. 다시 말해서 한국인의 정서로 만들어가는 과정에 있다 보니 교파들 전통의 상호관계를 연구한 결과, 여기에는 뭔가 보편적인 공통점이 나타나 있다는 것입니다.

　이와 같이 한국 교회사의 흐름 속에는 특수주의와 보편주의라는 이중운동으로 병행현상으로 점철되어 있습니다.[27]

　잘 아는 대로, 분명히 개별교파들마다 특정한 교리신학이 있음에도 불구하고 한국인의 정서로 말미암아 개별교파들의 상호관계상 공통점으로 나타나 있는 바로 그 문제의 보편주의는 과연 무엇일까 하는 것입니다.

　일반적으로 한국인의 정서를 논할 때, 그 정서를 한(恨)이나 신바람 등으로 지칭합니다. 그러나 종교학에서는 한국인의 정서를 경험적 현세주의로 보고 있습니다. 이 경험적 현세주의는 한국인에게 만큼은 불가변적 측면으로 작용하고 있습니다. 이런 의미에서 볼 때, 그 정서를 한이나 신바람으로 보고 있는 것은 오류를 범하고 있는 셈이 됩니다. 저만 해도 한이 없으며, 언제나 신바람이 나 있지 않습니다.[28]

우리가 한국인의 정서를 경험적 현세주의라고 부를 때, 한국인에게 있어서는 샤마니즘이 그 정서를 언표(言表)해 주고 있는 일종의 대표성으로 나타난 기층문화로서, 원시시대부터 현재까지 변함 없이 작동하고 있다는 역사적 사실에 주목해야 합니다.[29]

이에 한국인의 기층에 두루두루 깔려 있는 신앙은 샤마니즘이기에, 그 밖의 모든 문화는 그 신앙 위에 기초를 둔 상부구조에 불과한 것입니다.[30] 즉 한국에 유입된 외래종교들인 유교와 불교, 도교는 물론 기독교를 수용할 때는 그 정서로 인해서 여지없이 샤마니즘화시키고 말았다는 말입니다.[31] 환언하자면, 가장 포용적인 태도를 지닌 샤마니즘이 주인으로서 그의 강력한 기복동기를 매체로 삼아 손님으로 들어온 타종교들을 기복신앙화시키는데 크나큰 영향을 주었다는 것입니다.[32]

이미 언급한 바와 같이, 한국 종교들 중에서 한국 교회가 제1의 기복집단이라고 지적하였습니다. 이렇다고 해서 기독교 자체를 기복종교라고 단정해서는 안 됩니다. 우리가 한국인으로서 그리스도인이 된 것은 성서적인 그리스도인이 되고자 함에 있지, 기복적인 한국인의 정서를 만족시키기 위해서 그리스도인이 된 것은 결단코 아닙니다. 이제는 하루속히 기복화된 한국 교회를 넘어서서 구도형을 지나 개혁형으로까지 성숙해야 합니다. 이럴 때만이 개혁주의를 성취시킬 수 있습니다. 이러려면 먼저 기복형에 대한 세심한 이해가 선행되어야 하겠습니다.

기복형의 중심축은 만수무강과 부귀영화, 신분상승(출세지향), 자녀의 입신양명 등 입니다. 이것은 한국의 정체성과도 직결되어 있는 것으로 현재성과 대중성 그리고 주체성을 담보하고 있습니다.[33] 이렇게 기복형은 이기적 동기와 세속적 욕망을 충족시키려는 동기를 갖고 있습니다.

이런 것 때문에, 한국 교회의 신학자들은 진영 논리와는 관계없이 한결같이 그런 동기를 갖고 있는 기복신앙 자체를 아예 매도, 탄핵해 버리고 있습니다.[34]

이같은 졸속적인 태도는 한국인이면서 한국인인 것을 망각한 나머지 흠뻑 빠져 있는 서구적인 교구주의에서 비롯된 것입니다.[35]

실제적으로 한국 교회가 기복적인 신앙에 힘을 받아 산업화 시대에 놀라울 정도로 압축 성장을 이루었음에도, 이제와서는 성찰 없이 마냥 기복신앙 자체를 토사구팽하고 있는 것입니다. 말 따위로 기복신앙을 토사구팽시킨다고 해서 절대로 기복신앙은 물러서지 않습니다. 실제로 모든 신앙체계는 기복 동기를 지금도 갖고 있으며, 그 동기를 완전히 배제된 신앙체계는 이미 신앙이 아니라 철학이나 정치사상으로 변해진 것이나 다름이 없습니다.

오늘날 한국 교회가 안고 있는 시급한 문제는 기복신앙을 포용한 채, 그 다음 단계인 구도신앙에 이어 개혁신앙에로까지 발전하여 성숙하지 못하고 있다는데 있습니다. 이쯤에서 분명히 인지해 둘 것이 있습니다. 주 예수님은 당시 주위에 있는 사람들에게 기복을 채워주시기는 했어도(치유·오병이어 이적 등), 정작 그리스도 자신은 일체 그 기복을 도구로 삼아 자신을 위한 기복을 탐욕하지 않았다는 사실입니다.

이런 맥락에서 진정한 종교개혁은 개체교회를 치리하고 있는 현장의 목회자들로부터 시작되어야 합니다. 이것은 교회의 혁명적 자체 개혁은 오직 합리적인 지성전통 위에서만 이루어질 수 있다는 것을 시사합니다.

이리하여 기복신앙을 포용한 채 이어서 구도신앙에로 발돋음을 하고자 한다면, 반드시 현 삶의 상황에 대한 철저한 분석 작업을 해야만 합니다. 이럴 때에 개혁신앙의 진면목을 정체상 확인할 수가 있습니다. 이에 대한 상세한 해제는 졸저인 「제3종교개혁 9개조 논제」(기빙백, 2022)에 실려 있습니다. 이 졸저에서 저는 상황화 신학을 논의하는 가운데 성경 66권(Text)의 중심 주제를 하나님 나라의 사랑으로, 삶의 상황(Context)을 민주적인 자유주의적 자본주의로 설정해 놓은 바 있습니다.

사실상 오늘날 한국(세계) 교회의 신학자들에게 있어서의 문제는 진영논리에 따른 자파신학에만 몰두하고 있음에 있습니다. 여기에 더하여 보수신학 같은 경우에는 타신학을 배척하며, 인간을 논하는 학문이라 할 수 있는 인문학 내지는 사회과학 등에는 아예 관심이 없다는데 그 심각성이 있습니다. 신학은 인간학입니다. 이런 이유로 해서 한국(세계) 교회의 신자 수가 감소하여 급기야는 박물관 교회로 추락하고 있는 데도, 되살려내는 치유책으로 대처 방안 하나를 제대로 내놓지 못하고 있는 것입니다.[36] 내놓아야 겨우 원칙으로 돌아가는 환원론일 뿐입니다.

이런 신학계의 상황에서, 학문적 신학을 연구하는 태도에 대하여 격려를 주기는커녕, 신학자들의 신학 연구마저 경시하는 행위야 말로 재고해야 할 입니다. 이미 지적한 대로 그것과 연계시켜서 확대 해석한 끝에, 교회의 침체된 원인을 신학자들에게 전가하여 책임을 묻는 행위는 그야말로 독단적 교구주의의 일종으로 배타적 궤변술에 불과한 것입니다.

이제부터는 서구 유럽의 교회들이 침체되어 가다가 소멸된 결정적 원인과 함께 이어서 한국 교회 또한 그렇게 된 그 원인을 색출해 보도록 하겠습니다. 이 색출은 아주 중차대한 과제입니다. 왜냐하면 그 원인이 바로 현금 정체되어 있는 한국(세계) 교회에 대한 정확한 진단에 직접적인 도움을 주기 때문입니다.

세계 종교사의 흐름에서 볼 때, 서구 유럽의 교회들이 박물관 교회로 추락하게 되었던 시기는 세계 제2차 대전이 끝난 이후였습니다. 1917년 소련의 볼세비키 혁명이 계기가 되어 절대 빈

곤을 해결한다는 공산주의의 슬로건이 서구 유럽 등에 확산되자 공산주의로 넘어가게 되었습니다. 이에 대한 강력한 방어책으로 등장한 것이 바로 사회보장제도였습니다.

이 제도는 인간이 살아가는데 기본적으로 필요한 의식주 해결과 의료보험 혜택 및 의무교육 등을 실시하는 것이었습니다. 이것을 실시하는 과정에서 그 여파로 인하여 급속도로 교회의 신자들이 빠져나가게 되었습니다. 이런 사실은 사회가 먼저 기복의 문제를 일시에 해결해주게 되자, 그동안 기복인구로 채워져 있던 교회들의 신자들이 썰물처럼 빠져나가 감소되었던 것입니다.[37]

이와 같은 역사적인 맥락 선상에서 볼 때, 한국 교회라고 해서 별반 다르지 않습니다. 산업화 이후 1990년대부터 의료보험 제도에 이어 국민연금 제도 및 각종 혜택을 주는 보험제도가 실시되면서, 동일하게 한국 교회 안에 있던 기복인구가 가나안 신자로 돌변하게 되어 감소현상을 초래케 되었던 것입니다.

그런데 한국 교회가 그렇게 될 것이라고 1983년에 정확하게 예측한 이는 재야사가 함석헌이었습니다.[38] 그는 가나안 신자들이 생기게 될 원인을 맘모니즘에다 두었습니다. 동시에 교회 안에는 맘모니즘이 팽배해 있는 고로 결국은 그런 가나안 신자들을 추방시킬 것이라고도 하였습니다.

이렇게 역사적 사실이 너무나 확연한 데도, 정체되어 감소현상을 보이고 있는 한국 교회에 대한 진단은 아직까지도 제대로 된 처방 없이 우왕좌왕하고 있을 뿐입니다. 예를 들자면 다음과 같은 것들입니다.

> 초대교회를 회복하자. 전도를 더 열심히 하자. 기도하자. 성경을 열심히 읽자. 영성을 회복하자. 사회적 신뢰를 회복하자. 출산율을 더더욱 높이자. 교회연합을 이루자. 반드시 예배에 참석하자.

위와 같이 진단을 해놓고는 이제 총체적 위기를 맞이했으니, 그런 식으로 개혁하자는 등등이 전부입니다. 이것은 세계 교회 역시 동일합니다. 이런 현실은 교회를 책임지고 있는 정예전통의 학문적 지성이 그 정도로 결여되어 있기 때문입니다. 종교학에서는 교회의 구성원을 정예전통(elite tradition)과 대중전통(popular tradition)으로 나누어 생각합니다. 전자는 영어 그대로 엘리트 층, 즉 지성인으로서 상아탑의 신학자들과 현장의 목회자들을 지칭합니다. 후자는 일반 신자들을 일컫는 것으로, 이들은 글자 그대로 상업성이 강한 사람들로서 생존 생계에 매여 있기에 필연적으로 기복인구일 수밖에 없습니다.

이제야말로 한국(세계) 교회 안에 박식가(Polymath)가 필요할 때입니다. 이 박식가는 여러 주제에 대해 광범위하게 알고 있는 사람입니다. 환언하면, 서로 연관성이 없어 보이는 다양한 분야에서 출중한 재능을 발휘하여서 방대하고 종합적인 사고와 방법론을 갖고 있는 사람을 일컫습니다.[39]

이에 부응해서 펴낸 저서가 졸저인 바로 그 「제3종교개혁 9개조 논제」(기빙백, 2022) 입니다. 이 졸저는 실제 박식가도 아니면서도 박식가처럼 쓴 것으로 한국(세계) 교회에 대한 진단과 함께 대처 방안이 상세히 수록되어 있습니다. 더 이상의 언급은 자제하겠습니다.

3. 장종현의 신앙현상의 구조

여기에서는 공개질문의 의의를 논의하기에 우선하여, 장종현의 신앙현상의 구조를 전제 조건으로 관조해 보도록 하겠습니다. 그리고는 이어서 그 의의를 찾아볼 것입니다.

이 신앙현상의 구조는 신앙체험과 그것을 중심으로 해서 전개되는 사상적 측면 – 실천적 측면 – 사회적 측면으로 이루어져 있습니다.[40] 따라서 장종현의 기도와 성경 읽기로 근간을 이루고 있는 그의 신앙체험에 대해서는 이미 살펴본 바 있습니다. 이 신앙체험을 중심으로 해서 전개되고 있는 위 세 가지의 측면을 차례로 조명해 보도록 할 것입니다.

1) 사상적 측면

먼저 장종현의 사상적 측면은 교파신학의 특수주의인 개혁주의 생명신학을 중심축으로 놓고 해제되어 있습니다. 그가 항상 그래왔듯이 신학은 학문이 아니라면서도, 실제로는 신학이라는 이름을 붙여 오로지 나의 신학만이 참 신학인 양 신학을 논하고 있다는 것은 전후 맥락이 전혀 맞지 않는 전형적인 종교기술 (Religious engineer) 입니다.

이리하여 그는 생명을 살리는 교리인 것을 내세워 조직신학적 개론에 따라 신론과 인간론, 기독론, 성령론, 구원론, 교회론, 종말론 순서로 피력하였습니다.[41] 그리고는 신학이 발달할수록 교회가 죽어가는 현상의 모든 문제의 원인을 신학을 학문으로 대하는데 있다고 질타하고 나섰습니다.[42] 이러면서도 그는 여기에서 반복하여 정작 스스로 또 다시 신학을 전개하고 있는 것입니다.

이와 같이 장종현의 신학만이 진정한 신학이고 다른 신학에 대해서는 배척하는 이중적인 독단론을 그는 펴고 있음입니다. 신학은 서로 간에 건강한 학문 형성을 위하여 대화하는 학문이지, 나의 신학만이 지나치게 강조하고자 다른 신학을 처음부터 배타해버리는 학문이 아닙니다. 신학이 학문으로 실재하고 있는 이상, 그 어떤 신학이든 절대적인 것이란 있을 수가 없습니다.

이런 의미에서 장종현의 개혁주의 생명신학 또한 상대적이라는 것입니다. 이것을 그가 인정하지 않아 앞으로 계속 무조건 독단적 태도가 극대화되기라도 한다면, 자칫 잘못하여 유사의 길로 접어들 수도 있을 것입니다.

이에 즈음해서, 장종현의 사상적 측면을 종합 정리해서 지적하고자 합니다. 잘 아는 대로 한국 교회는 학문적 신학 유형에 의해 다교파 상황을 이루고 있는 복합 가치관 신앙공동체입니다. 이런데도 한국 교회는 교파들 간에 큰 갈등 없이 한국인의 특유한 포용성으로 인하여 그런대로 공존상생의 관계를 유지해 오고 있습니다.

이런 상황하에서, 자기 팽창주의의 확장을 위하여 개혁주의 생명신학을 절대 표지를 삼아 개념적 교구주의에 함몰된 나머지 반지성적인 태도로 학문적인 경향의 타신학을 경멸하고 있는 것입니다. 이같은 자기중심적 이기주의는 현금 다원개방사회에서 다원가치 신학체계에 가치 혼돈을 일으키게 하는 나르시시즘(Narcissism)인 셈이 됩니다.

그 어느 누구도 정통성 있는 한국 교회에 소속되어 있는 한, 공유가치관을 따라야 할 뿐만 아니라, 제국주의적인 자기 신앙체험을 필요 이상으로 극대화시켜서 다른 신학집단을 적대시해서는 안 됩니다. 이제는 학문적 신학에 대한 가치관을 변혁시킬 때입니다. 즉 신학을 해야만 하는 학문적 동기를 성찰하라는 것입니다.

2) 실천적 측면

지금부터는 장종현의 실천적 측면에 대해서 설파할 것인 바, 이에 대한 직접적인 1차 자료는 그의 저서인 「개혁주의 생명신학」에 집중해서 정리된 것을 참조하였습니다.

개혁주의 생명신학의 5대 솔라는 1. 오직 성경 2. 오직 그리스도 3. 오직 믿음 4. 오직 은혜 5. 오직 하나님께 영광으로서, 종교개혁자들의 개혁 원리와 동일합니다. 이 5대 솔라를 바탕으로 해서 7대 실천운동을 1. 신앙운동 2. 신학 회복운동 3. 회개용서 운동 4. 영적 생명 운동 5. 하나님 나라 운동 6. 나눔운동 7. 기도 성령운동으로 나누어 요약해 주었습니다.

이어 개혁주의 생명신학은 오늘날 신학자들과 목회자들이 배운 신학을 성경보다 앞세우는 잘못을 바로 잡아 성경의 권위를 회복하기 위한 운동이라고 하였습니다.[43] 당연히 타신학도 기본적인 태도로 일단은 성경의 권위를 인정해놓고 신학 연구를 시작합니다. 만일에 그렇지 않다면 그 신학은 이단인 것이 됩니다. 장종현의 신학만이 성경의 권위를 인정하는 것이 아닙니다.

이런 방법으로 매사에 자신의 이론을 전개하는 가운데 성경의 권위를 내세워 타신학에 대해서 배타적 절대주의를 독선하게 되면, 졸지에 성서숭배자(Bibliolatrie)가 되고 맙니다.[44] 더 나아가 개혁주의 생명신학 또한 하나의 신학 유형이기에 그 신

학을 유일무이한 것인 양 우월주의에 빠지게 되면, 이름 숭배자
(Onomatolatrie)가 될 수도 있습니다.[45]

학문적으로서의 신학은 그 어떤 것이라 할지라도 이론일 뿐입
니다. 세상의 그 어떤 신학도 우상시할 수 없습니다. 신학은 신앙
성숙을 위한 단계적인 고백적 신학으로서의 참조 사항입니다.[46]
이런 맥락에서 개혁주의 생명신학에 대한 철저한 분석을 -실천적
측면을 중심으로- 한다는 것은 중요한 과제가 되겠습니다.

개혁주의 생명신학에서의 그 개혁주의는 16세기 종교개혁자
들의 전통을 그대를 본받는다고 하였습니다. 그래서 그 5대 솔
라가 다 그대로 나온 것입니다. 그 연계되어 있는 생명신학은
주 예수님의 영원한 생명(요 10:10)을 말합니다. 이를테면 주 예
수님의 영원한 생명을 풍성히 받아서 종교개혁의 정신(5대 솔라)
으로 개혁하자는 것입니다. 이에 대한 구체적인 실천 사항이 그
7대 실천운동으로 표출된 셈이 됩니다. 이같은 장종현의 신학적
인 형식 논리를 종교학에서는 고전종교의 사유가치관적인 수사
(rhetoric)라고 부릅니다.

여기에서 종교개혁의 정신이 되는 5대 솔라와 함께 그 7대
실천운동을 하게 될 때, 실제로 과연 한국 교회가 개혁될 수 있
겠는가를 진지하게 묻지 않을 수가 없습니다. 이것만 가지고는
현재 침체 내지는 감소되어 가고 있는 한국 교회에 대한 대처
방안이 결단코 될 수 없습니다. 단지 동굴 속의 우상에 빠져 있

는 국지적 협소론이기 때문에 그렇습니다.

이 동굴 속의 우상이란 편견 또는 선입견으로 말미암아 각 개인이 무엇인가에 사로잡혀 있어서 사실을 사실 그대로 파악하지 못하는 폐단을 말합니다.[47] 실제로 이런 폐단은 한국 교회에 만연되어 있는 신앙감퇴현상들 중의 하나입니다.[48]

이 동굴 속의 우상이라고 지적한 데는 그럴 만한 충분한 이유가 있습니다. 이런 우상은 한결같이 극단적인 자기중심에 몰두해 있는 고로 비정통적인 해석을 일삼고 있을 뿐만 아니라, 반사회적인 신앙현상을 야기시키곤 합니다. 그래서 신학적인 방법론이 재정비되어야 함이 마땅합니다.

역사적으로, 종교개혁에는 교리적 개혁과 실천적 개혁이 있습니다. 주지하는 대로, 전자는 루터와 츠빙글리 및 칼빈 등에 의해 이루어졌습니다. 그들 교리의 핵심은 바로 그 5대 솔라와 함께 만인제사장직이었습니다.

이후, 연이어 200여 년 동안이나 특히 칼빈의 이중 예정론에 의해 야기된 구원의 확신으로 말미암아 장로교인들의 도덕과 윤리는 타락이 된 채 지속되고 있었습니다.[49] 이런 현상은 교리적 개혁의 한계점을 말해주는 것이 됩니다.

이러한 때에 혜성과 같이 등장한 종교개혁자가 웨슬리이었습니다. 그는 실로 실천적 개혁자로서 모본을 친히 보여 주었습니다. 이에 먼저 그는 이중 예정론에 반하는 만인구원론을 내세워 칼빈의 그 선택과 유기라는 개념을 모든 사람(All)이라는 것으로 대치시켜 놓았습니다.

이어서 그는 당시 유사 그리스도인들이 너무나 많다는 것을 질타하면서 진짜 온전한 그리스도인이 되라고 강변하고 나섰습니다. 이 온전한 그리스도인은 새 계명(마 22:37~40)을 순종하여 하나님을 사랑하는 마음으로 이웃도 사랑하는 사람이라고 하였습니다. 이리하여 웨슬리는 성화를 목표로 삼아 구도형의 믿음으로 몸소 박애운동(물질을 나눠주는 소유개혁)을 당시 800~900만 명이나 되는 영국 국민을 상대로 해서 대대적으로 펼쳐나갔던 것입니다.[50]

이 결과, 사회적인 성화에까지 이르렀습니다. 이래서 엘리 할레비와 렉키를 비롯한 여러 학자들은 18세기부터 19세기 초까지 웨슬리의 사랑 실천운동이 프랑스 혁명과 같은 폭력적 피의 혁명의 위기에서 영국을 구원하였다고 주장하였습니다.[51]

이는 웨슬리가 실천적 개혁자로서 제1종교개혁의 미진했던 부분을 시대상황에 따라 마무리지어 주었다고 할 수 있기에, 그를 종교개혁의 완결자였다는 것을 직시할 수가 있겠습니다.[52] 이런 역사적 사실로 보아, 웨슬리를 제2의 종교개혁자라고 부를 수 있는 것입니다.

상기와 같은 확연한 세계교회사적인 측면에서 본다면, 장종현은 여지없이 다음과 같은 일련의 사시현상을 일으키고 있습니다. 우선 그는 종교개혁사에서 역사적으로 분리해서는 안되는 시각을 분리했을 뿐만 아니라(능 분리), 구별도 못하는(불능 구별) 우를 범하고 말았습니다. 다시 말해서 종교개혁의 정신을 모색함에 있어서 16세기 종교개혁자들만(특히 칼빈)을 인지했지, 18세기 웨슬리에 대해서는 전혀 인지하지 못하고 있었다는 것입니다.

이제 그 무엇보다도 개혁을 하고자 할 때는 교리적 개혁만 가지고는 결단코 불가능합니다. 이 교리적 개혁은 그 때 이미 종료되었습니다. 해 아래에서는 새로운 것이 없습니다(전 1:9~10). 이런데도 개혁주라는 이름하에, 특히 보수한다는 보수주의자들이 16세기의 그 시대정신만을 붙들고 현대라는 삶의 상황을 망각한 채, 도대체가 무엇을 개혁을 한다는 것인지... 한마디로 역사적 통찰력의 인식 결핍입니다. 이같은 현상은 서구신학을 그대로 답습하는 데서 오는 개념적 교구주의의 변형입니다.[53]

어느 교파이든 프로테스탄트로 실재하고 있는 이상, 16세기 학문적 신학자들이었던 종교개혁자들의 정신을 부정할 수는 없습니다. 그 정신은 오늘날에도 한국(세계) 교회가 이어받은 축적적 전통입니다. 이렇다고 해서 당시 로만 가톨릭에 항거하면서 개혁하였던 그 기치를 현재라는 삶의 상황(민주적인 자유주의적 자본주의)에 그대로 적용시킬 수는 없다는 말입니다. 그럼에도 보수주의자들은 한결같이 개혁주의, 개혁주의를 외쳐대면서 오로지 교리적인 개혁주의만을 부르짖고 있는 것입니다.

> 개혁주의는 성경적 칼빈주의의 '사상적 전통만을 지키기'를
> 원하기 때문에 틀림없는 보수주의이다.[54]
> 따라서 개혁주의의 특징은 그 전통을 중시한다.
> 동시에 공동체 사역의 지속적인 추구를 지향한다.[55] 한국 교회
> 의 내일의 희망은 오직 개혁신학에 있다. 이를 사수하고 유지
> 계몽하는 길만이 한국 교회의 살길이다.[56]

여하간 신학은 학문이 아니라면서도 신학을 하는 애매모호한 태도로 일관하여 자신의 신학만이 참된 신학이라고 하는 장종현의 개혁주의 생명신학은 그 5대 솔라를 바탕으로 해서 그 7대 실천운동을 제시하였던 것입니다.[57] 이는 실천신학적 내용인 셈입니다. 실천신학은 신학의 왕관입니다. 행함이 없는 믿음은 죽은 믿음이기 때문입니다.(약 2:26) 당연히 이 행함은 삼위일체 하나님을 믿는 믿음에 의해 제한 받아야 합니다. 그리고 실천신학은 교회의 행동과학이기도 합니다.[58]

실제로 그 7대 실천운동을 내용 면에서 볼 때에 하나의 개념으로 총합시킬 수가 있겠습니다. 이 개념은 원리론에 집착되어 있는 추상화 작업으로 성서적 어휘를 그냥 나열해 놓은 전시용 포괄적 주의일 뿐입니다. 이제는 그렇게 생각하는 이유들을 하

나씩 하나씩 확인해 보겠습니다.

여기에서 특히 문제시되는 것은 여전히 신학에 관한 장종현의 담론입니다. 연이어 계속, 신학은 학문이 아니라면서도 신학 회복운동을 하자는 것입니다. 이에 따라 그는 생명을 살리는 신학이어야 한다는 것을 강조하고 있습니다. 다른 신학은 사변화된 신학이자 성경에서 떠난 신학이기에, 배척하는 가운데 학문적 신학을 부정해 버리는 유사 변증법적인 독단은 전개하는 논리적으로도 전후 맥락이 전혀 맞지 않을 만큼 일관성이 없습니다. 사고의 얼개에 혼란을 야기시킬 정도로 지성도에 의구심이 듭니다.

학문으로서 신학이 존재하고 있는 한, 모든 학문이 그러하듯이 신학 역시 상대적인 것입니다. 지금까지 모든 신학의 흐름을 나름대로 수렴하며 통섭시킨 경험으로 봐서 사변화된 신학이 아닌 것이 없으며, 성경에서 떠난 신학을 본적이 없습니다.[59] 그 어떤 신학도 – 개혁주의 신학을 포함해서– 하나님으로부터 직접 계시받은 신학은 없습니다. 그 모두가 다 신학자들이 연성 성원으로 처해 있는 진영 논리에 지배를 받아서 전개한 것이 신학이니, 그래서 신학은 숙명적으로 특정한 이론적인 교구주의 산물인 셈이 됩니다.

때문에 아무리 나의 신학이 대단한 논리로 전개되어서 위대하게 보인다 할지라도 –착시현상– 다른 신학을 학문이라면서 탄핵하는 행위는 그야말로 무색스런 넌센스입니다. 이런 행위

는 흡사 정도전이 유학을 절대시한 나머지 유학의 입장에서 당
시 불교의 모든 학설을 향하여 "불씨잡변(佛氏雜辨)"이라고 매도
한 것이나 다름이 없습니다.

　이어 장종현이 말하고 있는 신앙운동은 성경의 권위를 인정
하는 것으로서 코드가 맞지 않습니다. 기본적인 원칙들을 되뇌
이고 있는 것이 신앙운동 자체가 될 수 없기 때문입니다. 모든
그리스도인들이 성경의 권위를 인정하고 있습니다. 마땅히 그
가 진정한 의미에서 신앙운동을 주창하고 있는 것이라면, 기복
신앙을 넘어서서 구도신앙으로 개혁신앙을 만들어내자는 것이
되어야 합니다.

　그와 더불어 내세우고 있는 회개용서운동과 영적 생명운동
은 일반적인 기초적 상식선입니다. 하지만 세상에서 하나님의
주권을 실현하는 하나님 나라 운동을 하자는 데는 이의를 제기
합니다. 세상이라는 현 삶의 상황에 대한 철저한 분석 작업 없
이 하나님의 주권을 실현할 수 없기 때문입니다.[60] 즉 먼저 현
상을 충분히 숙지하고 난 후에 본질을 모색하라는 것입니다. 이
런 것 없이 마구 외치는 주장은 허공을 치는 메아리일 뿐입니
다. 그같은 메아리는 "개독교"라고 모욕을 받고 있는 한국 교회
의 현 상황 앞에서는 아무런 도움이 되지 않습니다.

　연이어지는 나눔운동은 예수님의 사랑을 이웃에게 실천하자는
운동입니다. 여기서 중요한 바는 이웃은 실제로 누구인가 하는

것입니다. 프로테스탄트 500여 년 동안, 모두가 다 이웃을 교회 밖에 있는 이방인들로 간주해 왔습니다. 맞습니다. 이방인들도 이웃은 이웃입니다. 그런데 이웃으로서 제일 가까운 제1차 이웃이 있습니다. 바로 개체교회 안에서 함께 믿음 생활을 하고 있는 신자들이 친밀한 이웃입니다.

그들에게 하나님으로부터 받은 물질적 축복을 먼저 예수님의 사랑으로 그 물질을 나누어주었던 교회가 있었습니다. 초대 예루살렘교회가 그렇게 하였습니다.(행 2:42~47, 4:32~35). 따라서 장종현의 나눔운동에는 그 나눔을 받는 대상이 특정되어 있지 않습니다. 그저 상투적인 것입니다. 진정으로 오늘날 교회들이 예루살렘교회의 나눔운동에서와 같이 할 수 있을 때만이 교회는 물론 사회에까지 변동을 일으키게 하는 선도적 주체세력이 될 수 있습니다.[61]

그리고 장종현의 기도 성령운동은 함께 기도하며 성령의 열매를 맺자는 운동입니다. 이 운동의 주안점은 그 장종현의 신앙 체험을 모본으로 삼아 기도와 성경 읽기를 재차 강조하는데 있습니다. 이렇게 해서 성령의 열매를 자연스럽게 저절로 맺을 수 있다고 생각해서인지 성령의 열매에 대한 구체적인 설명이 없습니다. 성령의 열매(단수, 칼포스)는 불가능하면서도 가능할 정도로 최상의 믿음의 수준인 사랑입니다.(갈 5:22~23)

따라서 희락 · 화평 · 오래참음 · 자비 · 양선 · 충성 · 온유 · 절제는 사랑 안에 내재되어 있는 것으로서, 사랑 안에는 그 8 가지의 맛을 품고 있는 것입니다.

사실 위에서 언급한 7대 실천운동들 중에서 신학 회복운동만 제외한 나머지 6대 실천운동은 새 계명(마 22:37~40)인 하나님 사랑과 이웃 사랑이라는 이중개념 안에 그 모두가 다 내재되어 있는 것들입니다.

이쯤에서 확실히 간파해야 할 것이 있습니다. 분명한 바는 이제 종료된 그 교리적 개혁의 정신만 가지고는 현금의 한국 교회를 개혁할 수 없다는 사실을 말입니다. 제2 종교개혁자로서 실천적 개혁자인 웨슬리 같이 사랑으로 섬기는 나눔(디아코니아+코이노니아)으로서만이 제3종교개혁을 주도해나갈 수 있습니다. 그러나 당시 웨슬리가 하였던 원심력적인 사랑의 실천과는 달리, 오늘날에는 사도행전의 예루살렘교회처럼 구심력적으로 섬기는 나눔을 실천해야 합니다.

3) 사회적 측면

이 사회적 측면은 신앙체험의 표상을 사상적 - 실천적 측면으로 걸러내고 형성하면서 전개시키는 교회공동체입니다.[62] 이 공동체는 필연적으로 세상 밖으로 노출될 수밖에 없는 사회적 존재인 것입니다. 한 사람의 그리스도인이 이 공동체 안에

서 신앙생활을 하고 있는 이상, 그는 개인적 존재로서의 그리스
도인이 아닙니다.[63] 만일에 그렇지 않다면 그 사람은 무교회주
의자인 셈이 됩니다. 따라서 어느 개인이 겪은 신앙체험의 강렬
함은 - 예컨대 장종현의 기도와 성경 읽기 - 특정한 신앙 집단
(교회공동체)의 성격과 존재 자체를 더욱 강화시켜서 명확하게 규
정합니다.[64]

사회적인 측면으로서의 교회(또는 교단)에는 두 가지의 구성원
으로 조직화되어 있습니다. 하나는 엘리트층이라 할 수 있는 정
예전통으로서의 신학자들과 목회자들입니다. 다른 하나는 대중
전통으로서의 일반 신자들입니다.[65] 그런데 특질상으로 보아,
정예전통은 소속된 자신의 특정 교파로부터 분리되기가 어려운
연성집단입니다. 반면에 대중전통은 현 신앙상황을 종교시장터
로 인식하고 있기에, 자신의 이익에 따라 용이하게 교회들을 쇼
핑해서 날라다닐 수 있는 철새기질의 경성성원입니다.

> 종교시장론에 따라 대입시켜보면, 장종현교는 공급자(혹은 판
> 매자), 그 수하의 사람들은 수요자(혹은 구매자)인 셈이 된다.
> 이로써 장종현교는 기존 정통교파가 공급자로서 제공하지 못
> 한 새로운 참 신학(?) 서비스를 선보임으로 인하여, 새 수요층
> 을 흡수하기 위하여 온 정열을 쏟아 붓고 있음이다.
> 이렇게 그는 종교시장에서 경제 활동을 하듯이(?) 7대 실천운

동을 전개하고 있다. 이런 맥락에서 보건대, 그 어떤 신앙행위
도 알고 보면, 새로운 상품이라면서 일단 차별화시켜 놓고는
그 서비스를 사고 파는 거래라는 엄연한 천민자본주의적 현실
을 부인할 수 없게 되었다.[66]

　종교학에서는 -병들어 있는 종교를 치유하는 학문으로서- 한
국 교회의 구조적으로 크나큰 취약점들을 반지성주의적인 태도
와 기복신앙 제일주의, 도덕적 불감증세 등으로 지적을 하고 있
습니다.[67] 그리고 부연하여 두 가지를 더 지적하였습니다. 첫째
는 상아탑의 신학계와 현장 목회자의 교회간에 괴리현상을 보
이고 있다는 것입니다. 둘째는 한국 교회가 제대로 된 한국 신
학 하나 수립하지 못하고 있다는 현실입니다.

　해방 이후 지금까지 한국 교회는 각 교파들마다 제각기 수많
은 신학들을 소개해왔습니다. 예컨대 개혁주의와 근본주의 · 복
음주의 · 오순절주의 · 자유주의 · 급진주의 등이 그것인데, 시간
이 흐르면서 보수주의의 연합체로 고착화된 경향이 짙습니다.[68]
이러하기에 그런 신학의 유형들이 목회현장에 그대로 접목되지
않았던 것입니다. 바로 여기서 신학계와 목회 현장 안에 야기된
괴리현상을 직시할 수가 있겠습니다. 그럴 수밖에 없는 이유는
대중전통을 상대로 해서 개체교회 안에서 치리해야 할 목회자
들에게는 목회에 실제적으로 도움이 안되는 그런 신학을 채택

해서 적용시킬 수 없기 때문입니다. 이같은 괴리현상은 한국 교회에는 도대체가 방향을 제시해주는 방향타가 없다는 것을 시사합니다.

세계종교사를 돌이켜 볼 때, 프로테스탄트는 가장 대표적인 현대종교입니다. 이 현대종교란 말은 전통적 교리 - 개혁주의 등 - 에 얽매여 급변해가는 시대정신의 문화변천과의 사상적 이반현상을 극복하고, 사상의 새로운 자체 개혁운동을 지속적으로 유지하면서 그 시대가 요청하는 신앙적 대안을 모색하는 종교라는 뜻입니다.[69] 이런 맥락에서 보건대, 그 중세 때의 교리적 개혁주의에다 상례적인 생명신학을 연계시킨 후에 7대 실천운동을 전개해서 현대의 한국 교회를 개혁한다는 것은 일종의 불가능한 허설입니다.

여하튼 신학계와 목회 현장의 교회와의 괴리현상을 해결하지 않는 한, 앞으로도 여전히 교회가 한국 사회의 개혁에 선도적인 지도력을 발휘할 수 없게 만들고야 말 것입니다. 현재 대사회 한국 교회의 신뢰도는 한국 종교들 중에서 최하위 수준입니다. 5만여 교회들과 30여만의 목회자들이 있다 한들 무슨 의미가 있겠는가 하는 서글픔 같은 것들이 밀려들어 옵니다.

이리하여 종교학에서는 이제 한국 교회가 시급히 해결해야 할 과제는 제1의적 명제로서 한국 신학을 수립하라고 촉구하고 있는 것입니다. 알고 보면, 신학계와 교회의 괴리현상을 포함해서 보수와 진보의 극단적 양분화는 실제로 한국의 신학계가 설득력 있는 신학을 갖지 못한 데서 그 원인을 찾을 수 있습니다.[70] 이제까지 한국 교회는 근대화 초기에 서구문화 수입의 창구 역할을 해오면서 교파들마다 자기 입맛(진영)에 맞는 신학만을 절대적인 양 선택해서 수입해 들어 왔습니다.

우선 한국신학은 서구의 문화현장에서 탄생한 완제품 신학을 연구상 그대로 수입하여 방법론을 참조는 하되 우상시하는 것을 배제합니다. 이에 한국신학은 스스로 처해 있는 삶의 상황에서 당면하게 되는 일련의 문제들을 스스로의 문제의식으로 '진단하고 처방'하는 탐색 작업을 지향합니다.[71]

여기에서 도저히 간과할 수 없는 심각한 사실이 있습니다. 목회자들의 자격과 자질에 관한 것입니다. 1994년 당시 서울에만 무려 200여개의 무인가 신학교가 있었으니,[72] 지금은 훨씬 더 많을 것으로 보입니다. 이는 그만큼 무자격 목사를 막무가내로 배출하고 있다는 것이 되겠습니다. 신학교육의 학문성 제고는 재론의 여지가 없습니다. 이런데도 무인가 신학교의 무자격 목사들이 목회현장에서 신학이 실종되어 있는 고로 '신학없는 목회'를 하고 있을 것임에는 분명합니다.

현재 한국 교회의 목회자들을 편의상 세 가지의 부류로 나누어 살펴볼 수가 있습니다. 하나는 역사적 전통교회(예:정동, 새문안, 영락, 신촌성결, 경동 등)의 목회자들입니다. 다른 하나는 특정한 교회를 개척해서 중·대교회로 압축 성장시킨 목회자들이 있습니다. 또 다른 하나는 생존 생계에 허덕이는 미자립교회의 목회자들이 있습니다. 여기서의 문제는 그 역사적 전통의 목회자들만 제외하고, 나머지 목회자들 중에는 교단과 관계없이 의외로 무인가 신학교 출신으로 무자격 목회자들이 많다는 것입니다.

그런 경우에는 교세를 넓히려는 교단들이 그들을 받아들여 교단의 신학교육을 통하여 그 무자격을 세탁해주는 사례가 비일비재합니다. 이는 대교단이라고 해서 예외가 아닙니다. 그래서 대교단에 속해 있는 무인가 신학교 출신의 대교회 목회자들 중에는 신학적인 기초 개념 및 지식 등에 대한 이해가 부족한 탓에, 기독교 TV 설교를 들어보면 무지한 내용들이 상상외로 많습니다. 무색하다 싶을 정도입니다.

> 신학 교육기관이 질이 낮은 입학생을 받아서 어떻게 한국교회를 개혁할 수 있겠는가! 대학입학 자격시험에 낙제하여서, 다른 학과의 공부도 감당할 수 없는 학생이라고 낙인이 찍힌 학생이 신학공부만은 넉넉히 감당할 수 있겠느냐가 문제다. 신학이 그렇게 쉽고 값싼 학문일수도 없고, 목사직이 그렇게 너절한 직분일 것도 없지 않겠는가? 도대체 신학교는 그 자체의 운영에 목적이 있느냐?[73]

이렇게 재차 확인해 보건대, 신학은 어디까지나 학문입니다. 무인가 신학교 시절에 신앙체험한 바를 절대시하여 신학교 학생은 물론 모든 한국 교회들을 상대를 해서 부르짖으며 일반화시켜서는 안됩니다. 기도하고 성경의 권위를 인정하여 성경을 읽는다는 것은 젖이나 먹는 것으로 지극히 초보적인 것입니다. (히 5:12~16:2)

이제부터는 대중전통에 대해서 언급해 보도록 하겠습니다. 한국 교회의 대중전통은 일반 신자(또는 회중)로서 그에 우선하여 한국인이었습니다. 이에 한국인에 대해서 심도 있게 관조한다는 것은 세 가지의 의미에서 의의가 있습니다. 첫째는 한국인에 대한 탐색이 한국신학을 수립하는데 있어서 기초작업을 제공해 준다는 점이다. 둘째는 신학자들의 주체성의 확립으로 말미암아 그동안 우상시되어온 서구 신학권으로부터 과감히 자유로워 질 수 있다는 점입니다. 셋째는 현장에서 목회하고 있는 목회자들에게는 목회하는 방향을 올바르게 제시해 줄 것이라는 점입니다.

그때 그때마다 위기의 시대를 맞이할 때, 한국인은 역동적으로 그 위기를 이겨 냈습니다. 이미 앞서 한국인의 정서는 '경험적 현세주의'라고 언급한 바 있습니다. 그런데 경험적 현세주의라는 한국인의 정서에는 '지금 나에게 피부에 와닿을 정도로 유익을 가져다주는 이 세상이 전부'라는 심성이 깔려 있습니다.

따라서 그 정서 속에는 감각의 즐거움을 추구하는 인생주의와 공수래 공수거이기에 좌절할 필요가 없다는 허무주의 및 좋음을 따라 삶을 영위하는 실용주의가 내장되어 있습니다.[74] 이같은 정서가 몰아닥친 위기를 대처하는 기술로 작동되었던 것입니다.

이어 또 언급하였듯이, 한국인의 정서로서 그 경험적 현세주의에 대표성을 갖고 표출된 종교가 바로 샤마니즘이라고 하였습니다. 이래서 샤마니즘이야말로 한국인에게는 기층 내지는 근원종교로 동향하고 있는 것입니다. 그리고 그 샤마니즘은 자연스럽게 생태적으로 기복적 신앙교일 수밖에 없었음입니다.

주지하는 바, 샤마니즘과 밀착 상관된 한국인의 정체성은 현재성과 대중성과 주체성을 담보하고 있습니다. 이런 까닭에 역사적으로 현재 이 한국 땅에 들어와 대중들을 포교하였던 모든 외래종교들인 불교와 유교, 도교 등을 예외 없이 주체성을 갖고 기복종교화시켰던 것입니다. 이런 명확한 역사적 사실은 한국에 유입된 서구의 기독교라고 해서 별반 다르지 않았습니다. 다시 말해서 서구의 기독교를 한국의 기독교로, 즉 한국인의 정서에 맞는 샤마니즘적인 기복신앙화된 기독교로 여지없이 변형시켰다는 것입니다.

기복신앙의 요체는 생존 생계의 동기를 갖고 소시민적 욕망을 채우고자 하는데 있습니다. 이것은 모든 인간이 본능적으로 가질 수밖에 없는 생태적인 것입니다. 그럼에도 한국 교회는 서구신학의 가치관을 앵무새마냥 한국인이란 주체적인 자기의식 없이 그대로 수용하여 절대적 진리인 양, 기복신앙 자체를 아예 배척하는 우를 범하고 있습니다.[75] 이런 경솔한 태도는 일언하여 신학자들의 학문적 연구의 결핍성에서 비롯된 것으로서, 이는 자기학식 우월주의의 소아기적인 병폐현상입니다.

이에 더하여 목회자들까지 부화뇌동하여 기복신앙을 타도해야 할 것이라면서도 정작 선포되고 있는 설교 내용이 기복적인 메시지라는 사실입니다.[76] 게다가 더 개탄스러운 문제는 주 예수님의 기복신앙에 대한 태도와는 전혀 다르게 현장의 목회자들이 기복적인 대중전통보다 더 기복적인 것에 전념해서 몰두하고 있다는데 있습니다. 이 대표적인 사례가 근친상간 자본주의적인 교회세습의 비이성적 작태와 라인 확장을 위한 부동산적인 지성전 세우기, 재원 확보를 위해서 인정사정없이 노선별로 교회차량 돌리기 등등입니다.[77]

진정으로 실천적 개혁주의의 정신으로 개혁을 일궈내자고 할 때, 신학자들은 한국인의 정서를 충분히 숙지한 후에 한국 신학을 하루빨리 수립해야만 합니다. 이와 더불어 현장의 목회자들은 더 이상 기복신앙에만 매달려 있지 말고 구도형으로 먼저 모범을 보이는 태도가 요청됩니다. 이렇게 해야만 하는 결정적 요인은 어차피 기복신앙으로 뭉쳐져 있는 대중전통은 개혁을 주도해 나가는 선도적 주체세력이 될 수 없기 때문입니다.[78]

여기에서 실로 도저히 간과할 수 없는 중대한 사실을 간파해 보고자 합니다. 한국 교회의 개별교파들이 그 특수주의로서의 특정한 신학이라 할 수 있는 사중복음과 삼박자 오중복음, 보수적인 정통 개혁주의 등을 내세워 가지고는 절대로 개혁할 수가 없다는 사실이 그것입니다. 이런 의미에서는 장종현이 표방하고 줄기차게 주창하고 있는 개혁주 생명신학 또한 마찬가지입니다. 무용지물이라는 말입니다.

종교학에서는 그런 특수주의 신학을 일컬어 대내외적으로 - 선언적 구호로서 - 내세우고 있는 깃발용 교파외피설(教派外皮說)로 간주합니다. 이 교파외피란 몸체에 마냥 걸치고 있는 외투에 불과한 것이지, 내부적으로 온통 자체는 기복신앙이라는 의미입니다.[79] 따라서 그 교파외피설은 명분설로 이어집니다.

이리하여 무엇보다도 개혁을 이루어내려면, 현장의 목회자가 아주 초보적인 기도나 하고 성경을 읽는 정도로서는 안 됩니다. 즉 초등학문 정도의 수준을 가지고는 결단코 개혁주의를 성취시킬 수 없다는 말입니다. 따라서 목회자가 목회행위를 하면서 담임하고 있는 개체교회를 어떤 구조로 디자인하느냐 하는 문제는 교회의 생사가 걸릴 만큼 중차대한 관건이 되고도 남습니다.[80]

여기에는 그 구조의 디자인상 두 가지의 태도로 정리가 됩니다. 하나의 태도는 〈하나님 나라의 사랑 - 개체교회 중심의 전도지향 - 세계〉라는 교회지상주의적 구조입니다. 다른 하나의 태도는 〈하나님 나라의 사랑 – 역사 – 교회〉라는 종말론적인 개혁구조입니다. 두말할 나위도 없이, 오늘날 지구촌의 모든 교회들은 역사적인 성찰 없이 한결같이 교회지상주의적 구조를 갖고 있습니다.

이에 개체교회가 교회지상주의에 함몰되어 있게 되면, 어쩔 수 없이 지상명령(마 28:18~20)과 함께 전도사명(행 1:8)만을 키 페시지스(핵심 구절)로 삼아 절대적으로 양적 팽창주의를 우상시하게 되어 있습니다.[81] 이런 교회들은 도대체가 덧셈만 알지 뺄셈 같은 것은 아예 처음부터 배제시키는 극단적 이기주의 심성을 드러내주고 있습니다.[82] 이런 식으로 개체교회에 덧셈만 있는 목회를 촉구하게 될 때는 그 과정에서 필연적으로 양 도둑질을 대놓고 당당하게 합니다. 이 도둑질은 오늘날 삶의 상황인 민주적인 자유주의적 자본주의 체제를 무기로 삼아 자행하는 천박함의 부도덕적인 소치입니다.

그 이유는 다음과 같습니다.

> 민주주의의 가치관들 중에 자유만을 주창하며 교회 안에 평등과 박애가 없다. 이어 시장경제와 재산 사유화, 경쟁, 이윤만이 있는 자유주의의 가치관을 십분활용하여 극대화시킨다. 그래서 교회들 간의 냉혹한 정글의 법칙에 따라 승자독식과 약육강식, 적자생존 등을 전도한다는 이름으로 부추겨 왔다.

이와 같은 교회성장 제일주의는 각자도생적인 신자유자본주의의 세계화를 말미암아, 더 한층 천민자본주의 시대에 부응하므로써 성공신학(자기존중신학 및 번영신학) 이데올로기에 세뇌된 교회들이 그대로 되고 말았다.[83]

결국은 교회를 죽이는 값싼 성장을 부채질하는 일련의 행태는 진정한 교회의 부흥을 가로막는 숫자의 우상숭배인 것입니다.[84] 배타적인 교회지상주의는 신학적으로 오류에 빠지게 하며, 사회적으로도 위험한 독선적 태도입니다. 상대적일 수밖에 없는 신학이나 교리를 포함하여 하나님 이외에 그 어떤 것도 절대화하는 것은 이른바, 하나님 중심적 유일신관에서 벗어나 인간 중심으로 변질된 신관, 곧 헤너디이즘(Henotheism)을 초래케 합니다.[85]

하나님 앞에서 상대적일 수밖에 없는 것을 인위적으로 절대화시키는 신앙 태도인 그 헤너디이즘이 기독교인 경우에는 교회제일주의로 나타나는 경향이 농후합니다. 현금 한국 교회에서 다반사로 일어나는 교회 분열 및 심한 교파경쟁이 바로 그 결과입니다.[86] 그리고 교회성장 제일주의는 사회적으로는 도덕적으로도 사회질서를 무시하는 제국주의적 자기 팽창주의를 나타내서 사회규범과의 마찰은 물론 갈등을 야기시키곤 합니다.

이미 가장 바람직한 개체교회의 구조화 작업은 디자인상 종말론적 개혁구조인 〈하나님 나라의 사랑-역사-교회〉라고 이른

바 있습니다.[87] 만일에 그런 개혁 구조로 목회를 그동안 해왔더라면, 서구 유럽에 이어 미국은 물론 한국의 교회들이 침체 또는 소멸되지 않았을 뿐만 아니라 지금과 같은 혼란스런 상황은 없었을 것으로 사료됩니다.

　더 이상의 언급은 본 글의 집필 의도상 생략하기로 하겠습니다. 상세한 내용은 졸저인 「제3종교개혁 9개조 논제」(기빙백, 2022)에 해제되어 있다는 것을 알리는 것으로 대신합니다. 다만 그 종말론적인 개혁 구조로서 가장 바람직스럽고 아름다운 이상적 원형교회는 바로 사도행전의 예루살렘교회였다는 성경적 사실만을 밝혀 두고자 합니다. 이에 오늘날 한국(세계) 교회가 안고 있는 난문제들을 해결할 수 있는 대처 방안 하나 제시하지 못하고 있는 상황에서, 그 사도행전의 예루살렘교회를 현실화하는 목회행위야말로 그 난문제의 마스터 키(master key) 입니다.[88]

　이상으로 장종현의 신앙현상의 구조를 집중적으로 논의해 보았습니다. 그의 사상적 측면과 실천적 측면 그리고 사회적 측면에 노출된 모든 것을 종합 정리해본 결과, 그 개혁주의 생명신학이 7대 실천운동으로 나타남과 동시에 대사회적으로는 교회(또는 교파) 성장제일주의를 도모하기 위하여 대대적으로 신학은 학문이 아니라는 선언적 구호를 외치고 있다는 것입니다. 이는 신앙기술의 한 방책입니다.

　이같은 행태는 장종현이 창파자로서 신비주의적인 내장의 소

뇌형으로 권위주의적인 모습을 여실히 보여주고 있는 것입니다.[89] 동시에 그는 자신의 신앙체험에 대하여 사색적 분절화를 작동시킴으로 말미암아 정규(인준) 신학교 출신들에 대해서 개인적으로 내지는 집단적으로 상대적 박탈감 같은 것을 갖고 있습니다.[90] 이리하여 그는 그 같은 심리를 자신이 쌓아올린 능력주의로 자존감을 되살려냄으로써 카리스마를 극대화시키고는 십분 활용하고 있는 것입니다.[91]

4. 공개질문의 의의

이미 서두에서 주요 논점을 두 가지로 나누어 피력한 바 있습니다. 이를 재론하자면, 하나는 신학은 학문이 아니라는 주장이었습니다. 다른 하나는 이어서 그가 한국(세계) 교회의 정체, 침체된 현상의 책임을 일괄적으로 신학자들에게 전가시키고 있다는 사실을 말합니다. 이 두 가지의 논점은 실로 장종현이 잘못 내리고 있는 판단입니다.

실제로 지금까지 문제를 제기하는 가운데 동기와 목적을 밝히고, 이어서 연구 방법론 및 장종현의 신앙 현상의 구조를 세 가지의 측면으로 나눠서 집중적으로 다양하게 논의한 것은 모두가 다 바로 그 두 가지의 논점에 대한 일련의 반응이었던 것입니다. 이 정도로 장종현의 그 잘못된 판단은 크나큰 오류로서, 실로 중차대한 문제 중의 문제라고 아니할 수가 없습니다. 그런데 여기에서 간파해야 할 것이 있습니다. 이는 다른 것이 아니라, 본 글에서 제가 논의하면서 주장하고 있는 내용들 또한 어디까지나 상대적인 것이지, 절대적인 것이 아닐 수 있겠다는 것이 그것입니다. 다시 말해서 본 글의 내용에 대해서 장종현이 얼마든지 이의를 제기할 수 있다는 것입니다.

이에 제가 오류를 범하여 그릇된 주장과 함께 사실과 다른 점을 설파하고 있을 시, 저 또한 얼마든지 시정 및 수정할 용의가 있습니다. 이 때문에 본 '공개질문의 의미'라는 별도의 항목을 마련하였습니다. 이에 따라 성역화 및 논쟁학에 상관된 제반사항을 고찰하려고 합니다. 전자는 엄밀한 의미에서 종교학과 연관된 문제이고 후자는 신학과 연관된 문제입니다.

1) 교회의 성역화와 초교파적 공론

한국에서 교회 문제는 공적인 논의의 대상에서 제외되는 것이 지금까지의 일반적인 경향입니다. 교회가 초교파적 공론에서 기피하는 경향은 두 가지 면에서 악영향을 주고 있습니다. 첫째는 교회가 현대 사회의 구조 안에서 건강하게 성장하지 못하고 부패하게 되는 주원인이 됩니다. 둘째는 바로 그것은 한국

사회의 건강한 발전에도 해로운 결과를 초래케 하였다는 것입니다. 이러하기에 한국 교회에서 비교적 중책을 맡고 있는 정예전통이 내세우고 있는 문제적 주장은 자기 주장의 영역에만 속하는 것으로 끝날 것이 아니라, 초교파적 공론의 대상으로 제기되어야 하는 것이 마땅합니다.

이에 즈음해서 공론을 대대적으로 전폭 활성화하는 길은 바로 위의 두 가지 목적을 달성하는 정책적 방향을 찾는 방법이 되기도 합니다. 이것을 논의함에 있어서, 의도적으로 먼저 그동안 야기되었던 한국 교회의 병폐현상을 중심으로 살펴볼 필요가 있겠습니다. 이 병폐현상은 현대 사회의 건강한 양식에 근거하여 판단됩니다.

기독교는 초자연적이고 초월적인 영역이어서 사회적 양식에 의하여 판단될 수 있는 성격의 것이 아니라고 단호히 적극 부정하고 나서는 이들이 있을 것입니다. 하지만 오늘날 다종교사회에서 모든 종교가 동시에 만족할 만한 초월적 신앙체계를 제시한다는 것은 적어도 현실적으로 불가능한 일입니다.[92]

이를테면 신앙에서 비롯되는 병폐현상은 사회적인 문제이기도 하기 때문에, 특정종교의 독단에 얽매일 성격의 것으로만 끝날 일이 아니라는 말입니다.

만일에 교회가 광신과 집단 이기심으로 무장되어 있을 시에는 여지없이 비이성적이고 병들어 있는 모습으로 표출하게 되어 있습니다. 종교의 자유(헌법 제20조 1항)와 그 행사에 따르는 사회적 책임을 제대로 구분하지 못한 상태에서 한국 교회가 자신의 주장을 일방적으로 강조하게 될 경우에, 그 교회 문제는 바로 성역화되고야 맙니다.[93]

그동안 한국 교회는 성역화 작업을 독단적으로 진행해 왔습니다. 이에 대한 대표적으로 나타난 사례가 무인가 신학교와 교회세습입니다. 전자는 건국 이후 한국 정부의 편의주의적인 종교정책이 더욱 조장해 오고 있는 상황에서 생긴 것들이었습니다. 오늘 이 시간까지 정부가 우후죽순처럼 생긴 무인가 신학교를 불법으로 단정하지만, 사실상 수수방관하여 모두 폐쇄시키지 못하고 있습니다.[94]

이와 같이 무인가 신학교는 하나의 정책적 딜레마입니다. 이렇게 정부가 그것에 대해 기피현상을 갖고 있음으로 해서 통치권의 부재 영역으로 남아 있게 되었습니다. 이 기피현상은 처음부터 그대로 성역화 현상과 함께 나타났던 것입니다.

한편 교회세습 문제도 묵과할 수 없을 만큼 심각한 병폐를 일으키고 있습니다. 이 세습은 교회성장 제일주의가 낳은 비리작태로서 근친상간의 사생아입니다. 따라서 대교회 목회자들이 아들이나 사위에게 세습하는 것을 보고 세상 사람들은 "김일성과 대기업 회장이 세습하는 것과 꼭 닮았다"고 비아냥거리고 있습니다.[95] 무엇보다도 이 신앙병폐는 정정당당하게 열심히 목회활동하고 있는 목회자들 간에 위화감을 조성할 뿐만 아니라, 일반 신자들에게는 원칙과 양식에 어긋나 있는 비윤리적인 것입니다. 그리고 교회 세습은 공공신학까지도 무색하게 만드는 원흉으로 작동합니다.

> 대기업 회장은 기업 세습을 세상이 비난할 때 변명하지 않는다. 변명하면 할수록 기업 이미지가 나빠지고 적이 많다는 것을 알고 있기에, 납작 엎드려 태풍이 지나가기만을 기다린다. 그런데 한국 교회는 대형 일간지 전면을 사서 말도 안되는 유치한 논리로 세습을 합리화하고, 거기서 그치지 않고 세습을 반대하는 사람을 남 잘되는 꼴을 못 보는 소인배로, 좌파로 매도하고 있다.[96]

현금 감리교를 시점으로 해서 일부 자유교단 및 진보교단은 교회세습방지법을 제정해서 실시해 오고 있습니다. 그런데 아직까지도 그 어느 교단보다도 개혁주의 정신을 제일 많이 부르짖고 있는 교단일수록 괴이하게도 세습 행태를 대놓고 하고 있습니다. 실로 개혁의 단초는 단연코 세습방지법을 제정하는 것에서부터 시작하는 것입니다.

이상 무인가 신학교와 교회세습이 신앙병폐현상으로 아직까지는 잔존하고 있다는 사실은 그동안 초교파적 공론화 작업이 없었다는데 있습니다.[97] 이리하여 한국 교회의 자정능력을 – 대사회적인 신뢰 회복을 위해서라도 – 발휘해야 할 때인 것입니다. 이제라도 하루빨리 불편한 진실이라고 하여 기피해서 성역화하지 말아야 하겠습니다.

이럼에도 불구하고 여전히 기피하여 성역화 현상을 그대로 유지할 것이라면, 다음과 같을 것임에는 틀림이 없습니다. 한국 교회는 이미 절대 가치를 추구하는 신앙 단체라기 보다는 한국 사회에 존재하는 많은 이익 단체 가운데 하나에 불과한 처지에 이르고야 맙니다. 이렇게 사회의 이익단체로 귀결되는 현상을 종교의 세속화라고 부릅니다. 따라서 한국 교회의 성역화는 결과적으로 스스로 세속화하는 불행을 자초하는 셈이 됩니다.[98]

연이어지는 성역화는 필연적으로 반지성적 현상과 반사회적 현상을 불러일으킵니다. 전자는 현세적이고 이기적인 심성을 갖고 있는 기복신앙과 특화된 신앙체험을 지나치게 강조하는 경향에서 비롯됩니다.[99] 이렇게 될 시에는 구도형 및 개혁형과는 전혀 상관없는 기복신앙에 함몰되어 있기 때문에, 성공만을 위한 정글의 논리가 작동되어서 급기야는 반이성적 태도의 온상이 됩니다.

후자인 반사회적인 현상은 반지성적 태도가 사회적으로 표현된 것들입니다. 세속적 이기심과 조야한 개인체험이 권위를 내세우는 옷을 입고 나올 경우에는 여과 없이 반사회적 행동으로 등장하게 되어 있습니다. 이 행동들로서는 극단의 배타적인 태도로 사회질서에 위협을 주는 부도덕적 태도와 함께 실정법 위반의 태도가 있습니다.

진단은 처방을 필요로 합니다. 한국 교회의 병폐현상을 치유하는 길은 교회 문제를 이에 앞서 언급한 바와 같이 긴급히 초교파적으로 공론에 회부하는 일입니다. 예를 들자면 교회연합체 같은 기관에서 학술 세미나와 심포지움, 토론회 등을 열어 여론의 동향을 살펴보는 것도 한 방편이 될 수 있겠습니다. 또 다른 방편으로서는 권위 있는 교회연합기관에서 교단 대표들을 중심으로 한 실무진들이 함께 모여 회의를 거쳐 의결한 후, 그 결과를 한국 교회에 발표하는 것도 하나의 방법이 될 수가 있습니다.

2) 선교적 교회의 대전제: 논쟁

가장 바람직한 성서적인 구조로서의 역사 종말적인 개혁구조는 〈하나님 나라의 사랑 – 역사 – 교회〉라고 피력한 바 있습니다. 이 하나님 나라는 66권 성경 말씀의 통전적 핵심 주제입니다. 그 하나님 나라는 점진적 계시에 따라 최초로 수립된 하나님 나라 (에덴동산)→ 언약된 하나님 나라(아브라함)→ 예표된 하나님 나라(다윗: 왕조시대)→ 성취된 하나님 나라(주 예수님의 초림)→ 완성될 하나님 나라(주 예수님의 재림)으로 전개되고 있습니다.[100]

한편 사랑은 기독교의 정체성입니다. 이는 기독교는 바로 사랑의 종교라는 것을 언표해주고 있는 것입니다. 이리하여 그 하나님 나라와 사랑이 조합되어야 한다는 것은 본질에 해당됩니다. 이어 다음에 오는 역사는 타락 전에는 원역사이었는 바, 타락한 후에는 구원사와 세속(일반)사로 나눠지게 되었습니다. 이 두 역사 간의 괴리(gap)현상을 메꿔주는 쐐기(Hinge)는 주 예수 그리스도이십니다. 따라서 최후의 백보좌 심판 때에는 드디어 구원사의 흐름을 타고 있었던 경건계열의 그리스도인들의 승리로 완성됩니다. 여기서의 완성은 완성될 하나님 나라(새 하늘과 새 땅)를 일컫습니다.

이러하기에 교회는 기독교의 도구적인 가치체제인 셈입니다. 즉 교회 자체가 기독교는 아니라는 말입니다. 이에 교회는 구속사 선상에 있는 하나님 나라의 백성 공동체로서, 그리스도인들을 사랑하는 실천하는 모본을 먼저 보여주는 태도가 있어야 하겠습니다. 왜냐하면 개체교회 안에 있는 그리스도인들이야말로 새 계명(마 22:37~40)에 따라 가장 친밀한 이웃들이자 황금율(마 7:12)에 있는 남(이웃)이기 때문입니다.

이와 같이 성서적 사실이 명확한 데도 불구하고 서구 유럽 및 미국에 이어 한국의 교회들이 그동안에 역사의식을 무시한 채, 교회성장 제일주의에 매몰되어 왔던 것입니다. 그렇게 된 데는 분명한 이유가 있었습니다. 이는 그리하는 것이 실용적으로 직접 손에 잡힐 만큼 엄청난 이익이 될 뿐만 아니라, 명성과 함께 권력을 가져다주는 기복신앙만을 추구해서 그렇습니다. 이러는 과정에서 그리스도인들을 사물화(事物化)시키는 헌금장사를 일삼았으며, 심지어는 하나님까지도 사유재산화시키는 우를 범하고 말았습니다.[101] 이런 것들은 일언해서 황금종이(Mammonism)를 탐욕한 우상숭배 행태에 지나지 않습니다.

이런 맥락에서 보건대, 진정 교회가 교회다워야 한다는 것은 두말할 필요가 없습니다. 이를 위해서는 그 무엇보다도 교회에 봉사하는 신학이 학문적으로 건실해야 합니다. 이래야함에도 역사적으로 그렇지 못한 경우가 비일비재하였습니다. 만일에 그 어떤 신학의 유형이든 건실하지 못하였을 때는 여지없이 반론을 제기하는 학자들에 의해 논쟁이 활발하게 전개되곤 하였습니다. 이는 당연한 것입니다. 이렇게 자유롭게 논쟁할 수 있을 때만이 교회의 정통성과 전통을 견고하게 보존 유지할 수 있기 때문입니다.

신학 논쟁은 참된 선교적 교회가 되기 위해서라도 반드시 필요한 과정으로서 하나님의 진리를 향한 여정입니다. 논쟁은 진리를 보다 분명하게 밝히고 수립하기 위한 방식이자 통로입니다. 논쟁을 통해서 다른 의견에 대답하는 가운데 자신의 의견이 보다 정교해지고 명료해지기도 합니다. 이런 논쟁은 실제로 선교적 교회의 정착을 위한 대전제가 되기에 충분합니다.

그동안 2,000여 년 세계교회사를 돌이켜 보면, 수많은 신학 논쟁이 있었습니다. 아울러 158년 한국 교회사에도 예외 없이 특기할 만한 많은 논쟁이 있었습니다.[102]

이제부터는 그 역사에 따라 관련되었던 일련의 신학논쟁들을 간략하게나마 정리해 보기로 하겠습니다. 우선 초대교회 때에는 철학과 신학의 관계론, 동일 본질, 유사 본질에 연관된 삼위일체론, 자유의지와 은총의 상관론, 배교자의 성례집전론 등이 있었습니다. 이어 중세교회 때 와서는 성상파괴론과 성직자 임명권론, 유명론과 스콜라 신학의 실재론 간의 대립론 등이 있었습니다. 그리고 종교개혁 때에는 면벌부 문제와 사순절에 소시지 먹음의 문제, 유아세례의 문제, 인간의 의지와 구원의 문제 등이 대두되었습니다.[103]

한국 교회사에 나타난 신학 논쟁은 성경의 권위에 도전한 자유주의에 대한 응전에서부터 시작되었습니다. 이 대표적인 예가 특히 모세 저작권 부인과 아빙돈 주석과 관련된 논쟁이었습니다. 이것이 발전하여 이후에는 신학교 분열까지 이르게 하였습니다. 김재준의 조선신학교가 그것이었습니다. 이에 앞서 일제시대에는 심각한 것으로 신사참배운동의 옹호론자들과 배척론자들 간의 치열한 논쟁도 있었습니다.[104]

이어 1960년대에 들어서면서부터는 토착화론 논쟁이란 것도 있었습니다. 이 논쟁은 자유주의 신학자들에 의해 시작된 것으로서, 시발자는 대표적으로 윤성범과 유동식이었습니다. 이에 대하여 논쟁으로까지 촉발시킨 이는 한철하이었습니다.

상기와 같은 대내외적인 일련의 신학논쟁은 전통 내지는 정통교회의 확고한 정립을 위해서 절대적으로 요청되는 순례의 길입니다.

제 2 부

신학자들의 논쟁과 공개질문 두 가지

신학자들의 논쟁과 공개질문 두 가지

본 부에서는 장종현으로부터 기피해서 성역화되어 가는 상황을 억제하기 위하여 그에게 두 가지의 공개질문을 던지기에 앞서서, 신학자들 간의 논쟁을 먼저 확인해 보려고 합니다. 그리고는 이어서 그 공개질문을 던질까 합니다. 이렇게 하는 이유는 그래야만 장종현에게 학문적으로 공개질문을 할 수 있는 또 다른 정당성을 확보할 수 있기 때문입니다.

1. 신학자들 간의 논쟁

공산주의 세계를 대상으로 한 선교 문제를 놓고 브루너는 바르트와 논쟁한 일이 있었습니다. 이에 바르트는 하나님의 말씀의 능력의 보편성을 주장하여 그 선교의 가능성을 강력히 내세웠습니다. 그러나 브루너는 공산주의를 전체주의로 간주하여 기독교의 적이라고까지 단언하였습니다. 이에 대하여 실제로 바르트가 논리적으로 타당하다면, 브루너는 현실적으로 타당한 셈이 됩니다.[1]

이와 같이 현실적인 측면에서 선교를 중시하는 브루너의 선교신학은 바르트의 교의학적 변증론이라는 입장과는 달리, 시종일관 변증론을 중요시하였습니다. 이후에 그는 변증론보다는 논쟁학이라는 말을 더 선호해서 사용하였습니다. 그래서 그는 논쟁학을 가리켜 기독교 신앙과 교회의 말씀 선포에 대립되는 이 시대의 교설이나 이데올로기와의 사상적 대결이라고 선언하였습니다.[2] 따라서 그에게 있어서 선교신학은 목회사업과도 같았습니다.[3]

브루너가 삼고 있는 논쟁학의 근거는 고린도후서 10장 4절인 "우리의 싸우는 무기는 육신에 속한 것이 아니요 오직 어떤 견고한 진도 무너뜨리는 하나님의 능력이라 모든 이론을 무너뜨

리며"이었습니다. 이에 따라 그는 바르트와의 논쟁을 계속 이어 갔던 것입니다. 바르트는 망원경은 자신을 보는 것이 아니라, 그것을 통해서 대상을 보는 것이라면서 신학적인 실존의 성격 도 그와 같다고 이른 적이 있습니다. 이에 대해서 브루너는 그 런 바르트의 입장을 객관주의라고 평가하고 나섰습니다. 한편 볼트만은 인간의 실존적 자기이해를 문제삼고 있다고 해서 바 르트의 입장을 주관주의라고 평가하였습니다.[4] 이렇게 학문적 인 신학 논쟁은 반드시 필요한 과정인 것입니다.

2. 두 가지의 공개질문

일반적으로 논쟁을 하는 데는 절차상 대략 다섯 가지의 방법 이 있습니다. 첫째는 직접 당사자들끼리 만나서 대화하는 형식 으로 하는 방법이 있습니다. 둘째는 서로 연구한 저서의 내용을 본 후에 학문적으로 문제를 제기하고 답변하는 토론식의 방법 이 있습니다. 셋째는 연구자들끼리 개인적으로 질문하고 답변 을 들어보는 방법이 있습니다. 넷째는 특정한 방송매체에 출연 해서 당사자들끼리 공개적으로 주고 받는 대화식 방법이 있습 니다. 다섯째는 연구자들끼리 아예 공개적으로 서로 주고 받는 공개서한이라는 형식을 취하는 방법이 있습니다.

주지하는 대로 장종현의 "신학은 학문이 아닙니다."라는 일련의 강력한 주장이 기독교 TV는 물론 다양한 매체를 통해서 너무나 광범위하게 확산되어 있습니다. 때문에 어쩔 수 없이 알 권리라는 공익적인 차원 및 공공신학의 측면에서 본 연구서를 활용하여 그 다섯 번째의 방법이라 할 수 있는 공개질문의 형식을 취하게 되었습니다.

역사적인 사례로 그와 같은 방법의 형식을 취하였던 신학자들이 있었습니다. 대표적으로 하르낙과 바르트간에 신문을 이용하여 서간으로 주고 받은 공개질문이 그것입니다. 처음으로 공개질문에 시동을 걸었던 이는 하르낙이었는데, 이 내용은 바르트가 신학을 전개함에 있어서 지나치게 객관성을 강변하고 있기에 학문적 신학을 경멸하고 있다는 것이었습니다. 이렇게 해서 시작된 하르낙의 바르트에게 보낸 공개서간의 질문은 -당시 신문지면을 활용하여- 열 다섯 가지의 내용으로 되어 있습니다.

이렇게 신문 지면을 통하여 하르낙으로부터 공개서간의 형식으로 공개질문을 받았던 바르트는 괴팅겐에서 신사다운 신학자답게 그 열 다섯 가지의 내용에 따라 일일이 다 답변해 주었습니다. 참으로 신학자다운 논쟁이었습니다.

이후에 바르트의 답변을 신문지면을 통하여 들었던 하르낙은 다음과 같이 응수해 주었습니다.

나의 공개서간에 대하여 바르트 교수가 상세하게 대답하고 내용이 풍부한 진술을 해준데 대하여 고맙게 생각한다.

그러나 나는 지금 이 신문에서 이 논쟁을 더 계속하지 못하게 됨을 섭섭하게 여긴다. 이 문제가 너무나 크기 때문에 이 짧은 지면에 다 다룰 수는 없다...

바르트 교수의 대답 속에는 몇몇 귀절에서 마치 내가 반대한 것이 무슨 벌이나 주는 것처럼 표현되기까지 한 느낌이 든다. 그러나 나는 내 자신의 일거리의 심판자가 될 수가 없다. 내가 공개서간을 쓰게 된 동기는 단지 친한 친구에게 해명하려는 의도였음을 진솔하게 밝혀두고 싶다.[5]

베를린에서

아돌프 폰 하르낙

그런데 장종현 역시 신학자들 간의 논쟁에 대해서는 인정을 하고 있습니다. 왜냐하면 도날드 K. 맥킴(미국 칼빈학회 회장 역임)의 저서인 *Theological Turning Points : Major Issues in Christian Thought*(John knox Press, 1988)를 「교회의 역사를 바꾼 9가지 신학 논쟁」(도서출판 UCN, 2007)이라는 이름으로 장종현이 번역해서 출간한 적이 있기 때문입니다.

이제 여기서부터는 직접 당사자에게 던지는 공개질문이기에 '장종현 총장님'이라는 존칭을 예우상 사용하기로 하겠습니다. 이에 본 글을 통하여 장종현 총장님에게 던지는 공개질문을 두 가지로 나누어서 제시하고자 합니다. 그리고 본 글을 작성함에 있어서, 당사자가 되는 장종현 총장님에게 악하게 허위사실을 유포하여 인격적으로 모독을 주거나 명예를 훼손시키려는 의도가 집필하는 가운데 내내 전혀 없었다는 것을 분명히 밝혀두고자 합니다.

1) 신학은 학문이 아니라는 것에 대하여

이 충격적인 선언적 구호는 많은 질문을 일으키기에 충분합니다. 그 이유들은 다음과 같습니다.

(1) 신학은 학문이 아니라는 주장을 -대대적으로 알리는 「신학은 학문이 아닙니다」라는 저서 없이- 그냥 해왔더라면, 이렇게 공개질문을 하는 데까지는 이르지는 않았을 것입니다. 문제는 그같은 주장이 한국 교회에 막대한 영향을 부정적으로 끼칠 만큼 확산되어 가는 상황에 있습니다. 이에 대한 장종현 총장님의 입장은 무엇입니까?

(2) 세상에 있는 그 어떤 분야이든지, 역사적으로 그 분야에 해당되는 전문적인 학자들의 학문이 있어 왔습니다. 그래서 학문은 시대상황(혹은 시대정신)에 따라 그에 걸맞는 학자들의 논

쟁이 있었습니다. 그럼에도 유독히 신학은 학문이 아니라는 장종현 총장님의 견해에 무슨 특별한 또 다른 이유와 근거가 있는 것입니까?

(3) 애매모호한 이중적인 태도로 어느 때는 신학은 학문이라하고, 어느 때는 신학은 학문이 아니라면서 주장하는 장종현 총장님의 일관성 없는 그 태도는 상황에 따라 기피하려는 일종의 신앙기술이 아닐까? 하는 생각이 듭니다. 그러나 저는 전반적으로 보아 장종현 총장님의 태도는 여전히 신학은 학문이 아니라는 입장에 서 있다는 점을 부인할 수 없습니다. 솔직한 답변을 요청합니다.

(4) 현금 한국 교회의 신학은 한국신학 하나 없을 정도로 미숙한 상황에 처해 있습니다.[6] 이런 상황에서 신학은 학문이 아니라고 할 때에, 장종현 총장님의 그런 인식은 한국 교회의 신학 발전에 저해 요인으로 작용하지 않을까? 심히 우려스럽습니다. 이에 대한 견해를 듣고자 합니다.

(5) 한국 교회에는 수 백개의 무인가 신학교와 인준 신학대학교가 있습니다. 전자의 신학생들은 성서구락부 수준에서 공부하기 때문에, 신학은 학문이 아니라는 주장에 별다른 영향은

없을 것으로 보입니다. 그러나 신학자들의 견해를 중심으로 신학을 공부하는 신학대학교의 신학생들에게 장종현 총장님의 신학 연구 부정론은 위화감을 조성시킬 확률이 많습니다. 여기에 대해서 어떤 입장을 취하고 있습니까?

(6) 지금이야 상당한 수준의 대학교로 승격되어 있지만, 초반의 무인가 신학교 출신들이 그 바탕에 큰 힘이 되었을 것으로 추정이 됩니다. 이에 한국 교회의 전반적인 질적 향상에 어느 정도는 부정적으로 영향을 주었을 것으로 보입니다. 이에 대한 장종현 총장님의 견해는 무엇입니까? 이렇게 공개적으로 질문하는 것은 어디까지나 신학교라는 것이 꿩잡는 것이 매라는 것을 가르치는 공부방이 결단코 아니기 때문입니다.

(7) 기도하면서 성경을 읽을 때 읽더라도, 개체교회에 모여 있는 신자들에게 말씀을 선포하려면 당연히 성경을 해석해서 설교를 해야 합니다. 주지하는 대로, 해석을 할 때는 필연적으로 신학적, 성경해석학 작업이 필요합니다. 이러할진대 장종현 총장님의 주장대로 신학을 학문적으로 교육받지 않고 도대체 무엇을 가지고 말씀을 선포하겠다는 말입니까?

(8) 교회를 책임지고 있는 신학자들과 목회자들의 학력 수

준은 세상 사람들보다 높아야 합니다. 그래야 지도자로서 리더십을 발휘할 수가 있습니다. 어떻게 신학을 학문적으로 연구하지 않는 무인가 신학교 출신 정도로 추락시키고 있습니까?

(9) 장종현 총장님이 ○○○ 신학교 출신으로서, 이전에 무인가 신학교를 운영하며 큰 성공을 이루었습니다. 이에 거대한 인준 교육 법인체를 일궈 냈습니다. 그런데 여기서의 문제는 그 초보 때의 시절에 머물러 있지 말고 하루빨리 벗어나, 이제는 정식 대학교 총장으로서 걸맞게 시대정신을 인지하는 발상의 전환을 못하고 있다는데 있습니다. 제가 지금 문제의 제안을 잘못하고 있는 것입니까? 이는 학문의 전당인 대학교의 총장으로서 "신학은 학문이 아닙니다."라는 선언적 구호를 외칠 수 있는 발언은 아니라는 생각에 질문을 던진 것입니다.

(10) 예수님의 12제자들은 당시 대부분 학문이 없는 무지한 집안 똑똑이들로서 이방 전도에는 한계가 있었습니다. 복음이 확장하려면 예루살렘에서 유다→ 사마리아→ 땅 끝까지(행 1:8) 가야 하는데, 그 일을 감당하는 데는 12제자들로서는 역부족이었습니다. 그래서 유명한 유대인 율법학자 가말리엘(율법 해석을 유연하게 하는 힐렐학파) 밑에서 학문을 열심히 공부하였던 사도 바울을 이방인 전도자로 다메섹 도상에서 부르셨던 것입니

다. 이와 마찬가지를 신학하는 것을 기도나 하고 성경 읽기만 해가지고는 복음화 운동에 한계가 있습니다. 처음으로 복음을 들고 로마까지 치고 들어간 사람은 12제자들이 아니라 바로 사도 바울이었던 것입니다. 이에 대하여 어떻게 생각하고 있습니까? 고견을 듣고 싶습니다.

(11) 한 때 신약성서학자들 간에 치열한 논쟁이 전개되었던 적이 있습니다. 예수님을 해석하고자 할 때에 예수님의 진면목을 실제로 보여주고 있는 복음서로 직접 가야 하는가? 그렇지 않으면 사도 바울이 쓴 13개 책을 거쳐서 예수님을 해석을 해야 하는가? 하는 것이 중심 주제였습니다. 그 때 정리한 끝에 도출된 결론은 복음서만 통해서 직접 예수님에게로 가게 되면, 열광주의 내지는 신비주의에 빠질 우려가 많다고 하였습니다.

이 때문에 반드시 사도 바울을 통해서 예수님을 해석해야 한다는 것을 주장하기에 이르렀습니다. 이리하여 학문적 신학 연구를 등한시하게 되면, 그렇게 해서 졸업한 신학생들이 열광주의나 신비주의에 몰두하지는 않을까? 묻고 싶습니다.

(12) 신념은 개인의 신앙체험에서 오는 경우가 많습니다. 그리고 교리는 신학적인 성찰의 해석에서 비롯된 것이 대부분입니다. 그런데 만일의 경우에, 그 내세우고 있는 신념과 교리

가 비성서적일 때에는 그 수습하고자 하는 태도에 따라 큰 차이가 납니다.

　신념과는 달리 비성서적인 교리는 이단(혹은 사이비) 종파가 아닌 한, 논쟁을 통해서 얼마든지 수정할 가능성이 있습니다. 그러나 신념 같은 경우는 개인적인 신앙체험에서 비롯된 것이 다반사이기 때문에 웬만해선 수정되기가 어렵습니다. 그 이유는 신념이 확신으로 작용하기에 그렇습니다. 하지만 비성서적인 신념을 내세웠다 할지라도, 개인의 신앙 발달의 성숙도에 따라 이 또한 얼마든지 수정될 가능성이 있긴 있습니다.[7] 이렇다고 할 때, 제가 판단하기로는 신학은 학문이 아니라는 장종현 총장님의 주장은 일종의 신념 같은데... 아닙니까? 아니면 교리들 중의 하나입니까?

　　(13) 저는 2006년 「한국 종교사」(상·중·하)를 집필하면서 원시시대부터 현대까지 이 한국 땅에 실재해 있었던 모든 이단종파에 대해서 상세히 연구하여 서술한 바 있습니다. 이에 앞서 1981년에는 세계에 산재해 있는 이단종파에 대해서도 연구하여 「기독교 종파운동사」(성광문화사)라는 저서를 펴내기도 하였습니다. 때문에 그런대로 이단종파들의 창시자 및 그것들의 생리를 익히 잘 인지하고 있습니다.

　이러하기에 장종현 총장님의 신학은 학문이 아니라는 주장은 이단종파의 유형과 속성과는 전혀 다른 차이를 이루고 있습니다. 다만 그런 주장을 – 이단종파가 아닌만큼 – 지혜롭게 수정하기를 바랄 뿐입니다. 수정할 용기는 있는 것입니까?

(14) 한국 교회는 다교파상황에 있습니다. 이런 중에 특히 장로교 같은 경우에는 무인가 신학교로 인하여 무려 300여 교파들로 분열되어 있습니다. 그러나 주도 세력으로 있는 대부분의 주류교파들은 인준 신학대학교 출신들입니다. 이런 상황에서 장종현 총장님은 이미 대교단과 학교법인에 힘을 받아 주류교파에 진입해 있습니다. 이러함에도 신학은 학문이 아니라는 주장을 수정 없이 계속 펴나간다면, 멀지 않은 시일 안에 크나큰 파열음이 생길 것으로 예상이 됩니다. 이 점에 대해서는 어떻게 생각하고 있습니까?

(15) 저는 아직까지도 목회를 하고는 있으나, 이어 줄 후계자 문제는 곧 다가올 일이기에 어쩔 수가 없습니다. 여기서 이것을 언급하고 있는 까닭은 전임자의 리더십이 후계자에게 그대로 계승이 안된다는 사실 때문입니다. 전임자가 생존해 있을 때에는 그 막강한 위엄으로 인해서 주위에 있는 연성성원들이 분리신화를 만들어 낼 엄두가 나지를 않습니다. 당연한 현상입니다. 그렇게 숨을 죽이고 있다가 문제의 전임자가 세상을 등지

게 되면, 얼마되지 않아 그 지위를 이어받은 후계자는 전임자의 흔적 지우기에 본격 나서게 되어 있습니다. 분명한 바는 돌변해서 분리신화를 만들어 내는 경성성원들은 제일 먼저 온갖 변명을 내세워서 바로 그 신학은 학문이 아니라는 주장부터 폐기처분하고야 말 것입니다.

이렇게 할 수밖에 없는 이유는 그 주장은 일반적인 상식으로 봐도 객관적인 담보를 얻어낼 수 있는 선언적 구호가 아니기 때문입니다. 이와 같은 예측을 한 것에 대한 장종현 총장님의 생각은 무엇입니까? 역사만큼 준엄한 심판이 없기에 던지는 공개질문입니다.

2) 신학자들에게 책임을 전가시키는 것에 대하여

장종현 총장님은 누차 반복해서 서구 유럽과 미국에 이어서 한국 교회가 침체 현상을 초래케 된 것은 신학자들이 신학에만 매달려 학문적으로 연구한 결과라고 비판하였습니다.[8] 이와 관련해서 다음과 같이 연이어 질문을 하고자 합니다.

(1) 지구촌의 모든 교회들이 온통 침체현상을 맞이하게 된 것은 신학을 학문적으로 연구한 신학자들 하고는 도대체가 아무런 상관관계가 없습니다. 어불성설입니다. 이에 더하여 연결

상의 오류를 일으키고 있는 바, 장종현 총장님이 신학자들의 학문적 연구를 평가절하한 후에 이어서 교회의 침체현상의 주범으로까지 낙인찍고 있다는 것은 뭔가 착각을 일으키고 있기에 충분합니다. 혹여 열등의식으로 말미암아 일괄 신학자들에 대하여 상대적 박탈감 같은 것을 느끼고 있는 것은 아닐까? 하는 생각마저 듭니다.

(2) 교회의 침체현상을 모든 신학자들에게 책임을 전가시키는 것에 대해서는 지금도 변함이 없는 생각입니까? 굳이 오늘날의 신학자들에게 책임을 물을 것이 있다면, 이렇게 지금까지 한국 (세계) 교회들이 위기를 맞고 있는 데도 그 대처 방안 하나 신학적으로 제시하지 못하고 있는 것에 대한 책임이 되어야 할 것입니다.

(3) 신학계가 그런 상황에 처해 있으니 신학 연구에 더욱 박차를 가하여 연구에 연구를 할 수 있도록 더 많은 연구비를 지원해야 되지 않겠습니까? 이리하여 신학자들이 학문적 신학 연구를 하는데 있어서 그 자존감과 사기를 복돋아줘야 함이 마땅합니다. 이에 대한 장종현 총장님의 입장은 무엇입니까?

(4) 현금 한국 교회의 신학계는 교권의 영향을 받을 수밖에

없기 때문에 신학 연구 하나 학문적 양심에 따라 제대로 못하고 있습니다. 그래서 대교회의 눈치를 보고 있는 어용신학만을 남발하고 있는 터에 있습니다. 이런 것으로 해서 오늘의 신학계가 진공상태에 있다고 해도 그리 지나친 말은 아닐 것입니다. 이에 대한 생각은 어떻습니까? 장종현 총장님이 신학대학교의 운영을 책임지고 있기에 묻고 있는 것입니다.

(5) 신학이 학문으로 있는 이상 – 모든 학문이 그러하듯이 – 어디까지나 상대적인 것입니다. 그런데도 다른 신학은 학문적이라면서, 더우기 교회의 침체된 원인을 신학자들에게 책임을 전가시키면서도 자신의 신학만이, 즉 개혁주의 생명신학만이 참된 신학인 양 주창하고 있는 것에 대하여 무슨 특별한 의도가 있긴 있는 것입니까?

(6) 누가 뭐라해도, 오늘날 한국 교회의 신학자들이 하루빨리 시급히 해결해야 할 중차대한 숙명적인 과제는 한국신학을 수립하는 일입니다. 왜냐하면 한국 교회는 한국인의 교회이기 때문입니다. 이제는 더 이상 죽은 꽃다발 신학이라 할 수 있는 서구 유럽과 미국 신학만 가지고 한국인의 교회를 좌지우지해서는 안되겠습니다.

이런 맥락에서 보아, 개혁주의 생명신학은 그 죽은 꽃다발 신학으로 엮어낸 신학의 한 유형일 뿐 한국신학은 아닙니다. 이러하기에 개혁주의 생명신학이 한국 교회를 위해 봉사하는 신학으로 행세할 수 없지 않습니까?를 정중하게 묻고자 합니다.

(7) 얕디 얕은 지식을 갖고 이를 가장 훌륭하다고 생각하는 것은 하나님에 대한 지식을 경멸하는 것보다 훨씬 더 위험합니다. 무지와 편협한 가정, 일방적인 이미지, 제한적 지적 능력을 인정하고 다른 사람들이 더 깊은 학문적인 신학에 대한 지식을 갖고 있을 수 있다는 가능성을 인정하는 겸손이 필요합니다. 이는 진리 앞에서 미덕을 보이고 있는 것입니다. 이에 대한 장종현 총장님의 생각은 무엇입니까?

(8) 특히 신학자들에게 있어서 자신이 주장하고 있는 신학에 오류를 교정하고자 할 때는 자신만이 안다는 독선을 과감히 포기해야 합니다.[9] 이럴 때만이 교정할 수 있는 용기가 발휘될 수가 있는 것입니다. 이에 장종현 총장님은 이제까지 주장해온 이론들 가운데 뭔가 교정할 것이 없다고 확신하고 있습니까?

(9) 신학자들의 신학적 통찰력이 부족한 가운데 오로지 보수만을 외치는 그리스도인들은 오로지 종교개혁자들(칼빈?) 식으로만을 주장하곤 합니다. 그들은 그렇게 함으로써 역설적으

로 그들이 보수한다는 성경의 많은 가르침을 무시해버리는 우를 범할 뿐만 아니라, 복음을 심각하게 왜곡하고, 그리하여 복음이 가져다 주는 구원이 일어나지 못하게 하는 큰 오류를 범하고 있습니다.[10] 신학자로서 장종현 총장님의 개혁주의 생명신학은 그와 같은 부정적인 측면과는 관계가 없을 만큼 정말 자유롭다고 생각하고 있습니까?

(10) 적어도 신학을 조직하려는 신학자들은 자신의 사고방식의 한계를 인지하고 있어야 합니다. 일반적으로 서양권과 동양권 사이에는 사고 능력에 특질상 차이점이 있습니다. 전자는 홀로사는 삶을 추구하는 성향이 강하며, 부분을 보는데 능하고, 본질론에 집착하는가 하면 명사형으로서 논리(삼단논법)를 상당히 중요시합니다.

이와는 다르게 후자는 더불어 사는 공동체의식이 강하면서 전체를 보는데 익숙할 뿐만 아니라, 상황론에 안목이 있음과 동시에 동사형으로서의 경험을 중요시합니다.[11] 이렇게 신학하는 사고 방식에 큰 차이점이 있다는 것을 간파할 수 있겠습니다.

이로 본다면, 이제까지 서구 유럽과 미국의 신학이라는 것들이 전반적으로 개인적인 삶의 추구와 분석적인 것, 본질론, 명사적인 논리에 촛점을 두고 전개되어 왔다는 것을 알 수가 있습니다. 이런 신학을 한국 교회는 처음부터 앵무새 같이 번역판으로 그대로 수용해 왔던 것입니다. 현재에도 그런 부끄러운 상황은 그대로 보존, 유지되고 있습니다. 한국 교회가 동양권에 있는 한국인의 교회라는 태생적인 사실을 일체 망각하고 있는 셈이 됩니다.

현금 소멸의 위기를 맞고 있는 한국(세계) 교회에 대한 대처방안을 제대로 제시하지 못하고 있는 바는 온통 신학자들 그 모두가 다 한결같이 서양권의 사고방식에 매여 있기 때문입니다. 이제 그 위기를 타파할 수 있는 신학은 동양권에 속해 있는 신학자들의 치열한 연구에서 나와야 합니다. 골백번 죽었다가 깨어나도 서양권 신학의 사고방식만 가지고는 불가능하다 할 정도로 한계가 있습니다.

진정한 의미에서의 제3종교개혁은 동양적인 사고방식의 신학을 통해서만이 이루어질 수 있기 때문입니다.

동양권 신학은 우선 교회의 본연의 기능들 중의 하나인 공동체(코이노니아) 의식을 고취시킵니다.[12] 나무(부분적인 분석)와는 달리 숲(전체)을 관조하는 동양권 신학은 이어서 상황(Context)을 직시하게 합니다. 뿐만 아니라 자연스럽게 동사를 통해서 세상을 보기에, 경험 또한 중시할 수 밖에 없습니다. 이렇게 개혁은 동양권 신학 작업을 통해서 만이 이루어지게 되는 것입니다.

그동안 서양권 신학은 야벳으로 전 세계에 복음을 전파하는데 있어서 선교사들을 파송시킴으로써 기독교를 창대케하여 큰 공헌을 하였습니다.(창 9:27) 하지만 이제는 셈의 장막에 거하게 하신다고 하였으니 그곳으로 눈을 돌려야 할 때입니다.(창 9:27) 다시 말해서 서양권의 신학의 때는 종지부를 찍었으니 만큼 그 신학의 방법론을 참조로 하되, 이제부터는 동양권에 있는 신학자들이 창조적으로 신학을 창출하여 매듭을 지으라는 것입니다. 이것이 하나님이 구원사를 끌어가시는 하나님의 경륜입니다.

그럼 그 동양권 신학을 창출해야 할 신학자는 어느 나라에서 나와야 하는가에 대해서 피력해 보고자 합니다.

보통 동양권하면 한국과 중국 그리고 일본을 대표적으로 꼽습니다. 이 국가들 중에서 중국과 일본은 복음화라는 측면에서 볼 때, 자연스럽게 제외됩니다.

주지하는 대로 한국은 종교백화점이라 할 정도로, 특히 물량적인 측면에서 보아 세계에서 교파를 초월하여 제일 큰 교회 및 각 교파마다 세계에서 제일 큰 교회도 다 한국에 있습니다. 이리하여 동양권 신학은 필연적으로 이 한국 땅에서 조직화될 수밖에 없습니다.

이렇다면 이제 그 신학의 조직화 작업을 과연 누가 할 수 있겠는가를 정중히 물어야 할 것입니다. 첫째는 자파의 특정한 신학에 매몰되어 있지 않고 타교파의 신학까지 수렴하여 나름대로 통전할 수 있는 신학자입니다. 둘째는 뿐만 아니라 한국인이니 만큼 철저한 한국인의 정서(혹은 심성)에 대한 이해와 함께 그에 따른 한국 종교들의 흐름을 조망할 수 있는 신학자입니다. 셋째는 현 삶의 상황(Sitz im Leben)에 대한 분석을 하는 가운데 정치학과 경제학, 사회학, 문화학, 심리학, 복지학 등에 대해서도 관심을 갖고 해석 작업을 해놓은 신학자입니다.

　이렇게도 신학자들의 신학적 책임은 더 이상 강조하지 않아도 이유 여하를 막론하고 시대정신에 따라 막중한 것입니다. 이러함에도 장종현 총장님이 신학을 학문적으로 연구하고 있는 죄밖에 없는 데도, 신학자들에게 책임을 물어 교회의 침체된 원인을 전가시키고 있는 것은 분명히 신학자들의 입장에서는 억울한 일이 되겠습니다. 지금 이 시간까지도 여전히 신학자들에 대한 그같은 부정적인 태도는 변함이 없는 것입니까?

맺음말

세상의 정치에도 그렇지만 중요한 직위에 있는 공인으로서의 정치인이 하는 말 한마디 한마디는 국민들의 마음을 흔들 정도로 막강한 영향을 끼칩니다. 때문에 정치인의 발언은 언제든지 재삼재사로 삼가 조심해야 합니다. 만일에 잘못 발언을 했을 경우에는 예외 없이 그에 걸맞게 정정합니다. 이것이 요즈음에 흔히 말하고 있는 '공정과 상식'입니다.

이런 맥락에서는 한국 교회도 마찬가지입니다. 한국 교회에 나름대로 막강한 영향력을 갖고 있는 정예전통 역시 말 한마디 한마디(또는 주장하는 신학 내지는 교리 등)에 신중을 기해야 합니다. 그런데 이것 또한 말 한마디 잘못하고, 주장하는 신학 및 교리 등이 오류를 범하는 경우가 있습니다. 이 때에는 당사자가

시인하고 수정하면 되는 일입니다. 하지만 이 일도 아무나 못합니다. 용기 있는 사람만이 할 수 있는 특전입니다.

잘 알다시피, 일반적인 상식선에서 신학을 학문으로 인지하고 있는 지성적인 한국 교회는 고학력 수준에 와 있습니다. 이런 상황에서 "신학은 학문이 아닙니다"라는 선언은 그야말로 충격적인 발언이었습니다. 학문적인 신학 연구는 불가변적인 측면입니다. 이는 주님의 재림시까지 계속되어야 합니다.

우리 모든 그리스도인은 하나의 성경만이 유일한 삶의 표준이자 하나님의 절대무오하고 영감된 책인 것을 믿고 있는 회중입니다. 동시에 우리 모든 그리스도인은 주님이 주신 생명의 양식을 먹으며, 그 십자가의 보혈을 마시는 혈연공동체입니다. 때문에 교인들의 모본이 되어야 할 정예전통이 두 나라 말을 사용함(bilingual)으로 말미암아 혼란을 일으키는 원인을 제공해서는 더 이상 안되겠습니다.

이런 것으로 하여 혈연공동체의 한 구성원으로 그것의 건강함을 위해서 이렇게 졸서를 쓰고 마무리를 짓고 있는 것입니다.

주(註)

제1부 전이해 작업: 공개질문의 의의와 그 전개

1) 정성구, "책임을 지는 교회", 「신학지남」(봄호), 신학지남사, 1994: "우리 교회가 개혁교회이며 개혁되어지는 교회라면 책임을 지는 교회(Responsible Church)가 되어야 할 것이다." (p.10)

2) 유동식, 「한국신학의 광맥: 한국 신학사상사 서설」, 전망사, 1983.

3) 장종현, 「신학은 학문이 아닙니다: 개혁주의 생명신학」, 도서출판 UCN, 2022, p.32.

4) Fritz Buri, *Gott in Amerika*, 변선환 역, 전망사, 1988, pp.80~82.

5) 이같은 관조 방법은 종교학적인 태도로서 Joachim Wach, "Universals in Religion", *Types of Religions Experience: Christian and Non-Christian*, The University of Chicago Press, 1951에 구체적으로 실려 있다.

6) 황필호, "종교학이란 무엇인가: 종교학과 신학과의 관계", 「종교학 연구」(1), 종교학연구회(서울대학교), 1978, p.90.

7) 윤이흠, 「한국종교연구」(2), 집문당, 1991, p.77.

8) 김승혜 (편저), 「종교학의 이해」(종교학 총서1), 분도출판사, 1986, pp.119~120.

9) 장종현, *Ibid.*, p.126.

10) *Ibid.*, p. 12.

11) *Ibid.*

12) *Ibid.*, p.206.

   cf. 장종현, 「개혁주의 생명신학」, 백석정신아카데미, 2023, p.22.

13) 서철원, 「신학서론」(1), 총신대학교 신학대학원, 1993, p.5.

14) 김길성, 「조직신학: 신론」, 총신대학교 신학대학원, 1993, p.19.

15) 탁석산, 「한국의 주체성」, (책세상문고 001), 책세상, 2001, pp.38~40, 55.

16) 이 말은 원래 괴테가 비교신화를 하면서 하나의 신화만을 아는 사람은 다른 신화를 모른다고 한 말을 종교학의 창시자 막스 뮐러가 차용한 것이다.

   cf. 윤이흠, *op.cit.*, pp.16~17, 52.

17) 이 종교학의 본영(주류)에서 교육하는 가치중립적인 방법론은 신학교에서 타종교를 배타적 태도로 대하는 비교종교학의 적극 호교론적인 방어무기의 방법론과는 전혀 다르다. 이런 까닭에 비교종교학은 그동안 참으로 불행한 과거의 오명을 남기고 말았다. 종교학은 어디까지나 신학의 한 분과로서 신학에 종속되어 있는 졸학이 결단코 아니다.

   cf. 윤이흠, 「한국종교연구」(4), 집문당, 1999, pp.205~206.

18) 이상에서 언급한 세 가지의 신앙 유형에 대해서는 윤이흠의 「한국종교연구」(1), 집문당, 1991, p.31에 상세히 해제되어 있다.

19) *Ibid.*

20) 교회갱신을 위한 목회자 협의회 기획실, "한국 교회의 성장 둔화에 대한 예장 합동 교역자들의 의식 현황과 과제(2)", 「교회갱신 소식」(3.4월호), 1997, p.6.

21) 졸저, 「한국 종교사」(상: 원시~근대전기 1860), 왕중왕, 2006, pp.vii~viii.

22) 이 졸저는 5년에 걸쳐서 연구하여 집필된 것으로 대작(17.5cm×
24.5cm 판, 총 1,220 쪽)이다.

23) 홍치모, "미국에 있어서 교회사 연구와 서술의 변천: 1888~1998",
「신학지남」(봄호), 신학지남사, 1999, pp.123~124.

24) 윤이흠, 「한국종교연구」(4), 집문당, 1999, pp.201~212.

25) 장종현, 「개혁주의 생명신학」, 백석정신 아카데미, 2023.

26) 백석총회 45년사 편찬위원회, 「한국 교회사」, 도서출판 UCN, 2023.

27) 윤이흠, 「한국종교연구」(3), 집문당, 1991, p.264.

28) 이 한(恨)을 한국인의 정서를 보고 있는 서남동은 「민중신학 탐구」(한
길사, 1983)라는 저서를 펴냈다.

29) 졸저, 「한국 종교사에 나타난 관용적 포용주의에 대한 연구」(문학석사
학위논문), 서울대학교 대학원, 2000, p.17.

30) Homer Hurbert, *The Passing of Korea*, Yonsei University
Press, 1969, pp.381~382.

31) 윤이흠, "샤마니즘과 한국문화사", 「샤마니즘 연구」(제1집: 한국 샤마
니즘학회), 문덕사, 1999, p.93.

32) *Ibid.*

33) 탁석산, Op.Cit., pp.103~114.

34) 이런 태도는 「신학지남」(가을호), 신학지남사, 1998, pp.14~131에
집중적으로 논의되어 있다.

35) 한국 교회의 신학자들이 한국인의 정서와 연관시켜서 연구하지 않는
다는 것은 한국 문화의 역사의 맥락 밖에서 파악하고 있는 것으로 이
론적 추상화 작업을 하고 있는 것이다. 이 경우에는 예외 없이 이론적
교구주의에 빠지고마는 결과에 이른다.

cf. 윤이흠, 「한국종교연구」(4), 집문당, 1999, p.203.

36) 제가 내놓은 대처 방안은 졸저, 「제3종교개혁 9개조 논제(기빙백, 2022), pp.254~262, 328~356에 실려 있다.

37) 윤이흠, 「한국종교연구」(6), 집문당, 2004, pp.114~116.

38) 함석헌, 「한국 기독교는 무엇을 하려는가?」(함석헌 전집), 한길사, 1983: "오늘의 가나안 및 안나가는 한국 교회"(pp.29~34)

39) Wakas Amed, *The Polymath: Unlocking the Power of Human Versatility*, 이주만 역, 로크미디어, 2021.

40) Joachim Wach, *The Comparative Study of Religions*, Columbia University Press, 1958, pp.121~220.

41) 장종현, 「생명을 살리는 교리: 조직신학 개론」, 도서출판 UCN, 2019.

42) *Ibid.*, p.20.

43) 장종현, 「개혁주의 생명신학」, 백석정신아카데미, 2023, p.15.

44) 김광식, 「현대의 신학사상」, 대한기독교서회, 1975, p.15.

45) *Ibid.*

46) David F. Ford, *Theology*, Oxford University Press, 1999, p.30.

47) 한전숙, 「철학개론」, 한국방송통신대학, 1985, p.48.

48) 장병일, 「종교학개론」(대학전서: 종교학 강의), 박영사, 1975: "종교병리."(pp.149~152)

49) 김세윤, 「구원이란 무엇인가」, 두란노 아카데미, 2011: "예정을 올바르게 이해하지 못할 때, 예정 교리의 그 오묘함이 완전히 도치되어 오히려 우리를 불안하게 하고 우리를 괴롭히는 교리로 다가올 수도 있다. 사실 예정 교리는 우리에게 위안을 갖게 한다."(p.108)

50) 김진두, 「웨슬리의 실천신학」, 도서출판 진흥, 2000, pp.321~341.

51) *Ibid.*, pp. 316~ 317.

52) 졸저, 「제3종교개혁 9개조 논제」, 기빙백, 2022, p.15.

53) 윤이흠, 「한국종교연구」(4), 집문당, 1999, p.243.

54) 박아론, "보수주의와 개혁주의", 「신학지남」(가을호), 신학지남사, 1999, p.4.

55) 서요한, "개혁신학의 전통과 한국 장로교", 「신학지남」(봄호), 신학지남사, 2011, pp.127~128.

56) *Ibid.*, p.144.

57) 이에 대한 상세한 설명은 장종현의 「개혁주의 생명신학」(백석정신 아카데미, 2023), pp.123~258에 수록되어 있다.

58) 정일웅, "총신의 개혁신학과 실천신학의 미래", 「신학지남」(여름호), 신학지남사, 2008, p.101.

59) cf. 장종현, *Op. Cit.*, pp.153~154.

60) 삶의 상황에 대한 분석은 상황화 신학과 상관되어 있는 작업으로서, 이는 졸지의 「제3종교개혁 9개조 논제」(기빙백, 2022), pp.97~107 (성경적 상황화 신학)에 해제되어 있다.

61) 이상과 같은 일련의 내용에 대하여 더 상세히 탐색하고자 하는 독자 제현은 *Ibid.*, pp.241~265(가장 전형적이자 이상적인 순수정통교회)를 참조하기 바란다.

62) Joachim Wach, *Op. Cit*, p.198.
    cf. Walter H. Capps, *Ways of Understanding Religion*, The Macmillan Company, 1972, pp.211~212.

63) *Ibid.*, p.199.

64) 실제 저의 그동안 목회경험을 보더라도 열심히 기도하면서 열광적으

로 단 한 권의 책인 성경만을 줄기차게 읽은 사람들 - 목회자이든 일
반신자이든 막론하고- 이 무서울 정도로 제일 난감하였다. 이같은 독
선적인 배타주의를 탈피하려면, 그런 사람들일수록 남의 신발을 신어
볼 수 있어야 한다.

65) 현금의 한국 교회가 16세기 종교개혁의 정신을 이어받은 정통성을 그
렇게 강조하고 있으면서도, 개혁교리들 중의 하나인 만민제사장직을
말로는 주장하나 실천은 전혀 하지 않는 이율배반적인 태도를 취하고
있다. 목회자는 사제직의 신부가 아니다. 하루빨리 '평신도'라는 어휘
사용을 철회해야 한다.

평신도라는 말 대신에 가장 바람직한 어휘는 성경에 있듯이 '회중'(민
16:3, 왕상 8:5)이다.

66) 유광석, 「종교시장의 이해」, 다산출판사, 2014: 종교시장론은 종교학
적인 이론으로 나름대로 정리한 것이다.

cf. 파스칼 브뤼크네르는 종교시장화한 시장경제에서는 당연히 번영
을 추구하게 되어 있는 바, 이것이 바로 비참한 작태라고 직설하였다.
이는 신자유자본주의의 영향을 받은 것으로 여실히 기독교에도 그대
로 나타나고 있는데, 이를 그는 적이라고까지 규정하였다. 그리고 그
는 번영만을 추구하는 그리스도인들이야말로 천국의 얼간이들이라고
폄하하였다.

67) 윤이흠, 「한국종교연구」(2), 집문당, 1991, pp.302~304.

68) *Ibid.*, p.303.

69) *Ibid.*, p.302.

70) *Ibid.*, p.305.

71) 이런 바를 일찌기 인지하였던 저는 1984년 졸저인 「한국적 신학 형

성을 위한 회중신학: 제1권 입문론」(세계종교현상연구소)에서 한국 신학의 기초를 회중의 입장에 따라 전개해 놓았다. 이후 2022년에 펴낸 졸저 「제3종교개혁 9개조 논제」(기빙백)에서 한국 신학을 상세히 재론하였다.

cf. 맹용길, "신학의 한국화를 위한 21세기 한국 신학교육의 과제", 「목회와 신학」 56(2월호), 1994, pp.100~109.

김의원, "총신의 신학은 성경적 원리를 현장속에 꽃피워 내어야 한다." 「신학지남」(봄호), 신학지남사, 1995, pp.4~7.

권성수, "21세기 한국 신학교육의 방향", 「신학지남」(가을호), 신학지남사, 1997, pp.152~154.

강사문, "김정준의 구약 역사 이해와 한국사의 신학회", 「김정준 구약신학」, 경건과 신학연구소, 2004, pp.421~455.

72) 「국민일보」, 1994, 10월 29일자, 32면.

73) 김정준, "한국 교회의 갱신의 길", 「신학논단」(제9.10집), 연세대학교 신과대학 신학회, 1968, p.76.

74) 탁석산, 「한국인은 무엇으로 사는가」, 창비, 2015, pp.46~176.

75) 기복신앙에 대해서 집중적으로 타도하고 있는 일련의 보수신학자들의 행태는 「신학지남」(가을호), 신학지남사, 1998, pp.14~131에 논의되어 있다.

cf. 그같은 타도 행태는 보수주의 신학자들에게만 있는 국지적인 것이 아니라, 아직까지도 진영과는 관계없이 한국 교회의 전반에 만연되어 있는 보편적인 현상이다. 실로 시급히 청산해야 할 숙명적 과제들 중의 하나이다.

76) 정용섭, 「속빈 설교 꽉찬 설교」(설교비평1), 대한기독교서회, 2007.

_____, 「설교와 선동 사이에서」(설교비평2), 대한기독교서회, 2007.
cf. 상기 저서들 속에 특정되어진 대교회 목회자들의 설교에 관한 총
평은 가장 결정적인 문제로 일반 신자 수준의 성경 읽기 정도와 성서
텍스트가 해석되지 않는 아마추어리즘(전혀 전문가답지 않음)에 있다
고 하였다. 이런 총평은 학문적 신학 연구가 결여되어 있다는 것을 말
해주는 것이 된다. 이는 장종현의 일련의 맥과 연계되어 있음을 확인
할 수가 있다. 가장 바람직한 성서적인 설교는 조직신학의 얼개
(frame)를 중심으로 하되 삼위일체론적으로 전개되는 메시지이다.

77) 졸저, 「헌금을 매주일 나눠주는 교회」, 기빙백, 2018, pp.140~166.
cf. Al Ries. Jack Trout, *The 22 Immutable Laws of Marketing*,
Harper Collins Publishers, 1993, 이수정 역, 비지니스맵, 2008,
pp.131~142, 224~230.

78) 세상의 독재정권은 아래(대중)서 위(통치권자)로 가는 순서로 해서 그
정권을 얼마든지 붕괴시킬 수 있다. 하지만 종교개혁만큼은 위(정예
전통)에서 아래(대중전통)로 내려오는 순서를 밟는다. 그리하여 한국
(세계) 교회가 좀처럼 개혁이 안되고 있는 것은 전적으로 리더십을 발
휘하고 있는 신학자들과 목회자들의 책임부재 때문이다.

79) cf. 윤이흠, 「한국종교연구」(2), 집문당, 1991, p.123.

80) 김상훈, "기독교의 흥망성쇠", 「신학지남」(겨울호), 신학지남사, 2015,
pp.3~6.

81) *Ibid.*,: "우리가 몇 교회를 가지고 있는가, 얼마나 많은 일을 하는가는
자랑거리가 안된다. 숫자가 아니다. 아니, 숫자에 신경을 쓸 때가 아
니다. 순수함의 농도와 그 질적 가치에 관심을 두어야 한다. 교회의
허우대와 겉모습이 아니다. 이제 교회답지 않은 교회의 모습은 벗어

내야 한다."(p.6)

82) 김상훈, "덧셈과 뺄셈" 「신학지남」(봄호), 신학지남사, 2015, pp.3~7.

83) cf. William H. Chadwick, *Stealing Sheep*, Intervarsity press, 2001, 전의우 역, 규장문화사, 2002

84) *Ibid.*, pp.102~136.

85) 윤이흠, 「한국 종교연구」(2), 집문당, 1991, p.304.

86) *Ibid.*

87) 은준관, 「신학적 교회론」, 대한기독교서회, 1998, pp.425~442.
    cf.____, 「실천적 교회론」, 대한기독교서회, 2022, pp.395~417.

88) cf. 졸저, 「제3종교개혁 9개조 논제」, 기빙백, 2022, PP.241~262.

89) 장병길, *Op. Cit.* p.146.

90) 김종서, "현대 신종교 연구의 이론적 문제", 「현대 신종교 이해」, 한국 정신문화연구원, 1996: "경우에 따라서는 사회에의 적응을 통해 해결 하려 하므로 교회의 형식을 띠게 된다."(p.25)

91) 박권일, 「한국의 능력주의: 한국인이 기꺼이 참거나 죽어도 못참는 것에 대하여」, 이데아, 2021: "입신출세주의와 교양물신주의"(pp.59~72)

92) 양건, "한국의 종교 법제와 기본문제", 「한국 종교와 종교법」(한국 종 교사회연구소 편), 민족문화사, 1991, pp.17~27.

93) 헌법 제20조 1항은 "모든 국민은 종교의 자유를 가진다."라고 규정하 여 종교의 자유를 보장하고 있다.

94) 윤이흠, 「한국종교 연구」(4), 집문당, 1999, p.67.

95) 김영한, "한국 교회의 개혁", 「제2종교개혁이 필요한 한국 교회」(제2 종교개혁 연구소 편), 기독교문사, 2015, p.81.

96) *Ibid.*

97) 윤이흠, *Op. Cit.*: "현재 기독교인이 전체 국민의 5분의 1에 달하기 때문에, 그들의 지도자들이 무인가 교육기관을 나온 불법 지도자라는 낙인을 찍는 것이 정책적으로 옳은 일이며, 사회적으로 바람직한 일인가를 우리 스스로에게 반문하지 않을 수 없다."(p.68)

98) cf. 이원규, 「종교의 세속화: 사회학적 관심」, 대한기독교출판사, 1987, pp.10~13, 48, 63.

99) 윤이흠, *Op. cit.*: "어떤 종교에서든지 개인의 직접 종교체험을 강조하게 되면, 그 종교의 지성전통을 무시하는 태도가 만연되면서 조야한 개인의 체험만을 강조한다. 이처럼, 기독교인 경우에 하나님과의 직접 체험을 강조하게 되면 기독교의 신학의 전통은 아무런 의미가 없는 것이 된다."(p.57)

100) Greorge E. Ladd, *The Presence of The Future: The Eschatology of Biblical Realism*, William B. Eerdmans Publishing Company, 1974, 이태훈, 역, 엠마오, 1985, pp.61~127), 131~256, 355~380. cf. Geerhardus Vos, *The Kingdom of God and the Church*, The Eerdmans Publishing Comany, 정정숙 역, 한국개혁주의신행협의회, 1987, pp.50~57.

101) Norbert Kutschki, *Gott Heute: Fiimf- zehn Beiträge zur Gottesfrage*, Chr. kaiser Verlag, 1967, 진철승 역, 범우사, 1987, PP.107~124.

102) 대부분 한국 교회사가들은 아전인수격으로 한국 교회 선교기년을 언더우드와 아펜젤라의 입국년 1885년으로 잡고 있다. 저는 객관적 실증사관의 입장에서, 한국 교회 최초 순교자 로버트 저메인 토마스 (Robert Jermain Thomas)의 입국년 1866년을 한국 교회의 선교

기년으로 본다. 이 한국 교회에는 장로교와 감리교만 있는 것이 아니라, 회중교(Congregationalism)도 엄연히 실재하고 있다. 그 토마스 순교자는 영국 회중교회 목사이었다.

103) 이상의 요약된 내용은 박경수, 「신학논쟁 핵심 톡톡」(대한기독교서회, 2021), pp.12~147을 참조하였다.

104) 박용규, 「한국 장로교사상사」, 총신대학출판부, 1994, pp.271~285.

제2부 신학자들의 논쟁과 공개질문 두 가지

1) Charles C. West, *Communism and Theologians*, Macmillam, 1958, p.50.

2) 지동식, "현대 신학의 방법론 초고", 「신학논단」(제9.10집), 연세대학교 신과대학 신학회, 1968, p.25.

3) 휴우 T. 커어, "에밀 브루너", 「현대 신학자 20인」(현대신서21), 유석종 역, 대한기독교서회, 1970, p.56,

4) 지동식, "에밀 부르너의 생애와 사상", 「사상계」(5월호), 1966, p.206.

5) 이상과 같이 하르낙과 바르트 사이에 서로 주고 받은 공개서간에 따른 일련의 상세한 내용은 김광식, 「현대의 신학사상」(대한기독교서회, 1975), pp.243~254에 수록되어 있다.

6) 박아론, "한국 교회의 신학적 IMF", 「신학지남」(여름호), 신학지남사, 1998, pp.4~8.

7) 비성서적 신념인 것을 직시하고 수정할 수 있는 정도의 수준까지 올라와 있는 사람은 이미 제4단계인 주체적-반성적 신앙(사춘기 이후 성년

초기)을 지나서 제5단계인 접속적 신앙(중년기)에 해당된다고 볼 수가 있다. 최고 신앙의 정점은 제6단계인 보편적 신앙으로 새 계명(마 22:37~40)을 몸소 실천하는 사람이다. 현금 전반적으로 한국 교회의 신앙단계의 수준은 이제야 겨우 제2단계인 신화─ 문화적 신앙(7~12세경) 또는 제3단계인 비분석적-관습적 신앙(12~18세경)에 정체되어 있다.

James W. Fowler, *Stages of Faith: The Psychology of Human Development and the Quest for Meaning*, Harper & Row Publishers. 1961, 김재은 역, 대한기독교출판사, 1986.

cf. 졸저, 「제3종교개혁 9개조 논제」, 기빙백, 2022, pp.309~310.

8) 장종현, 「신학은 학문이 아닙니다」, 도서출판 UNC, 2022, pp.81~82, 87, 200.

_____, 「개혁주의 생명신학」, 백석정신 아카데미, 2023, pp.249~250.

9) David F. Ford, *Theology*, Oxford University Press, 1999, p.213.

10) 김세윤, 「복음이란 무엇인가」, 두란노, 2011, p.210.

11) Richard E. Nisbett, *The Geography of Thought*, Brockman Inc., 2003, 최인철 역, 김영사, 2018.

12) 종교의 정체성(Identity)에 따라 제대로 작동하고 있는 가를 확인하는 방법은 바로 그 종교에 주어져 있는 본연의 기능을 균형 있게 발휘하고 있는가를 점검하는 일이다. 이것을 기독교에 적용시킬 때, 교회에 주어진 본연의 기능들에는 말씀 선포(케리그마)와 교육(디다케), 헌신 봉사(디아코니아), 공동체(코이노니아)가 있다. 이에 비춰보면, 현재 한국(세계) 교회의 문제점은 개체교회 안에 그 말씀 선포와 교육만 있지, 도대체가 서로 교인들 간의 인격적인 헌신 봉사와 공동체 의식은 거의 없다는데 있다. 이런 것으로 해서 부도덕적인 현상들이 신앙질

병으로 중독되고 있는 것이다. 이것이 종교의 역기능으로서, 종교사회학에서는 종교의 기능들(Functions)을 중대한 연구 과제로 삼아 탐색하고 있음이다.

cf. Thomas F. O'Dea, *The Sociology of Religion*, Prentice-Hall, p.5.
Walter H. Capps, *Religious Studies: The Making of a Discipline*, Augsberg Fortness, 1995, 이원규 역, 까치, 1999: "종교의 기능."(pp.229~230)

황선명, 「종교학 개론」, 종로서적, 1983: "기능주의 이론"(pp.195~185)

저자 민병소 목사의 저서 목록

1. 영어권 저서

God-centered Theology and Missio Dei to Destory the Works of the Evil: A Religiological Approach, Religious Phenomenon Institute, 1989.

2. 역서

C.W. Brister, *The Promise of Counseling*, Harper & Row, Publishers, 1978, 성광문화사, 1981.

E.M. Rosser, *Korea's First Christian Martyr and the Two Visits of the Rew. R. J. Thomas to Korea*, The Terrace Torquay Devon TOIIDP, 1982, 세계종교현상연구소, 1985.

3. 소설

「일본이 사라졌습니다」, 도서출판 기빙백, 2014.
「통일이 되었습니다」, 도서출판 기빙백, 2014.

4. 저서

「기독교 종파운동사」, 성광문화사, 1981.
「순복음 대명사 조용기 목사」, 도서출판 들소리, 1982.
「감리교 지금 어디로 가는가」, 세계종교현상연구소, 1983.
「한국적 신학 형성을 위한 회중신학」(제1권 입문론), 세계종교현
  상연구소, 1984.
「한국 목사심리론」, 세계종교현상연구소, 1985.
「예언자 14인 신상명세서」, 세계종교현상연구소, 1986.
「성경의 여성 17인 생활기록부」, 도서출판 회중서당, 1986.
「종교학 총론」, 세계종교현상연구소, 1988.
「목회서신 강해」, 세계종교현상연구소, 1988.
「성서회중론」, 세계종교현상연구소, 1988.
「성서의 사건과 배경」, 세계종교현상연구소, 1988.
「사중복음의 역사적 넌센스」, 세계종교현상연구소, 1988.
「너는 누구관대 이웃을 판단하느냐」, 세계종교현상연구소, 1988.
「킹스킹덤 성경통전원리 50」, 성광문화사, 1991.

「주일성수의 안식과 축복」, 도서출판 회중서당, 1992.

「성경통달 문답식 비법 50」, 성광문화사, 1992.

「하나님 말씀의 수학과 한자」, 도서출판 회중서당, 1993.

「신앙현상과 전체복음 25」, 도서출판 회중서당, 1993.

「신학통전 핵심적 주제 25」, 도서출판 회중서당, 1993.

「킹스킹덤 커리규럼 - MET(100)」, 도서출판 회중서당, 1993.

「한국종교사에 나타난 관용적 포용주의에 대한 연구」, 서울대학교 대학원, 2000.

「한국 감리교회의 재발견」, 도서출판 기빙백, 2003.

「한국종교사」(상·중·하), 도서출판 왕중왕, 2006.

「나는 꿀벌이다」, 도서출판 기빙백, 2007.

「교회세습의 바벨론 포로」(한국 교회의 혁신론), 도서출판 왕중왕, 2008.

「빅터 시크릿」, 도서출판 왕중왕, 2011.

「바알토피안」(Baaltopian), 도서출판 기빙백, 2012.

「하늘 신부 웨딩드레스」(성서적 종말론), 도서출판 기빙백, 2013.

「사랑을 총정리한 백과전서: 사랑의 네 계절」, 도서출판 기빙백, 2014.

5. 미간행된 저서

「한국 교회의 희망: 구도신학」, 「성령의 에너지로 넘어지는 현상」,

「성령의 능력」,「레지스탕스」,「삼통축복」,「성령 충만할 때 회복되는 현상들」,「다음과 같이 구원의 확신을 가지라」,「삼통축복을 받는 지름길」,「용서 받았으니 용서하라」,「승리의 삶」,「예수 그리스도를 당당하게 시인하라」,「하나님 아버지의 이름들」,「시험을 이기는 자의 복」,「남은 자의 믿음」,「성화의 삶」,「예언의 은사를 사모하라」,「고통에서 진주를 만들라」,「구령하라」,「삼합일체 인간」,「제발 지옥에는 가지 말라」,「하나님을 경외하라」,「세 가지의 하늘들」,「양자로 입양되었다」,「율법과 은혜」,「성령의 능력」,「성령 충만한 행동」,「성령의 여러 명칭들」,「나실인」,「진솔하게 회개하라」,「하나님의 존재」,「예수 믿을 때 일어나는 일들」,「중생의 비밀」,「전심전력하는 기도」.